KB272105

팀 켈러,
죄를 말하다

What is Wrong with the World?

팀 켈러, 죄를 말하다

지은이 | 팀 켈러
옮긴이 | 윤종석
초판 발행 | 2026. 4. 22.
등록번호 | 제1988-000080호
등록된 곳 | 서울특별시 용산구 서빙고로65길 38 두란노빌딩
발행처 | 사단법인 두란노서원
영업부 | 02)2078-3333   FAX | 080-749-3705
출판부 | 02)2078-3330

책값은 뒤표지에 있습니다.
ISBN 978-89-531-5277-9 03230

독자의 의견을 기다립니다.
tpress@duranno.com   www.duranno.com

두란노서원은 바울 사도가 3차 전도여행 때 에베소에서 성령 받은 제자들을 따로 세워 하나님의 말씀으로 양육하던 장소입니다. 사도행전 19장 8-20절의 정신에 따라 첫째 목회자를 돕는 사역과 평신도를 훈련시키는 사역, 둘째 세계선교(TIM)와 문서선교(단행본·잡지) 사역, 셋째 예수문화 및 경배와 찬양 사역, 그리고 가정·상담 사역 등을 감당하고 있습니다. 1980년 12월 22일에 창립된 두란노서원은 주님 오실 때까지 이 사역들을 계속할 것입니다.

WHAT IS
WRONG
WITH THE WORLD?

세상 모든 문제 이면의 핵심

팀 켈러, 죄를 말하다

팀 켈러 지음 | 윤종석 옮김

두란노

contents

Part 1

평범한 인간의 마음 한복판에
낯선 괴물이 숨어 산다

○ 모든 문제 이면의 핵심, '죄'의 해부학 ○

팀 켈러가 남긴 영적 유산,
그 첫 번째 프로젝트

이 책은 팀이 1990년대에 "죄의 여러 얼굴"(The Faces of Sin)
이라는 제목으로 전한 시리즈 설교 원고를 바탕으로 했다.
그중 일부 내용을 다른 시기, 다른 장소에서 설교한 적도 있
지만 죄의 다양한 형태와 차원을 뉴욕 같은 도시에서 시리
즈로 심도 있게 다뤘다는 데 중요한 의미가 있다.

사람들은 '죄'(sin)라는 단어를 좋아하지 않았다.

한번은 예배가 끝난 뒤 옷을 잘 차려입은 한 여성이 팀
에게 다가와 노기를 띠고 언성을 높여 말했다. 아마 예배 순
서 중 '죄의 고백' 시간 때문이었을 것이다. "나도, 내 아이들
도 우리가 죄인이라고 고백할 일은 절대 없을 거예요!" 그
러더니 홱 돌아서서 그길로 예배당을 나가 버렸다.

어느 날은 새로 회심한 한 여성이 몇몇 친구와 만나는
자리에 팀을 초대했다. 화기애애하던 대화는 그중 한 여성
이 굳은 시선으로 팀을 쏘아보며 이 말을 꺼내는 순간 얼어
붙고 말았다. "목사님은 제가 죄인이라고 생각하시죠? 그
렇죠?" 팀은 그녀 역시 다른 사람들과 다르지 않다는 점을
설명하려 애썼다. 우리는 다 죄인이라서 하나님이 지으신
본연의 모습에 미치지 못하며, 모두가 망가진 존재이기에
누구나 은혜가 필요하다는 사실을 말이다.

하지만 소용없었다. 대화는 거기서 끝이 났다. 그녀에
게 '죄'란 살인범, 강간범, 나치당원, KKK(백인 우월주의 비밀결
사단체) 단원 같은 '세상의 쓰레기들'에게나 해당하는 핵폭
탄급 단어였다. 팀이 어떤 설명을 해도 그녀의 생각을 돌릴
수는 없었다.

죄에는 여러 차원이 있으며, 예외 없이 모든 인간이 그
죄에 물들어 있다. 이 사실을 분명하게 설명해야 한다. 이는
웬만한 사람에게 익숙한 개념이 아니라서 사람들은 듣고 나
서 대개 거기에 저항한다. 우리 모두가 저마다의 방식으로
우주의 진정한 왕께 반역하고, 그분의 사랑을 뿌리치며 그
분의 마음을 짓밟았다는 개념은…… 선과 악, 옳고 그름, 포
용과 배제를 가르는 세상의 방식에는 도저히 들어맞지 않
기 때문이다.

팀이 첫 목회지였던 버지니아에서 교회 인근 주민들에
게 복음을 전하던 때의 일이다. 그중 한 여성이 복음을 기쁘

게 들었는데, 나중에 팀이 다시 방문했더니 그녀의 자매가 팀을 기다리고 있었다. 그 자매의 말 속에는 불신과 조소가 잔뜩 서려 있었다. "그러니까 지금, 회개하고 예수를 영접한 도끼 살인범은 천국에 가고, 종교 없이 선량하게 살아온 나는 못 간다는 말인가요?" 팀은 그것이 사실이라고 인정했다. 그녀는 충격을 받아 잠시 말을 잇지 못했다. 더 어색해지는 상황을 피하려고 팀은 처음 만났던 그 여성과 다른 날 다시 만나기로 서둘러 약속을 잡았다(그때는 목사 안수를 받은 지 얼마 되지 않아 그런 식의 반발을 경험해 본 적이 없었다. 시간이 지나면서 팀도 이런 상황에 보다 잘 대처하게 되었다).

팀이 세상을 떠난 후, 나는 그가 남긴 모든 책과 원고, 강연, 설교, 강의, 수업 자료, 노트, 일기, 자잘한 메모들에 어떻게든 질서를 부여하려 했으나 쉽지 않았다. 그는 아이디어가 떠오를 때 곁에 종이가 없으면 마침 들고 있던 책 표지 안쪽에 생각을 적어 두곤 했다(그는 어디를 가든 늘 책을 들고 다녔고, 심지어 복도 반대편 끝에 있는 쓰레기통에 쓰레기를 버리러 갈 때에도 예외가 없었다).

게다가 그의 컴퓨터에는 6만 개에 달하는 파일이 있었는데, 그만의 독특한 파일명 체계 때문에 도무지 뭐가 뭔지 알 수 없었다. 설교 원고를 준비하든 책을 쓰든, 조금이라도 수정하거나 중요한 편집상의 변화가 있을 때마다 매번 새 문서로 따로 저장하고는 자기만 아는 약어로 파일명을 붙여 두었기 때문이다. 예를 들어 'FOS-1.1. 02/96'이라는 파일명은 '죄의 여러 얼굴(Faces of Sin)-1.1 버전, 1996년 2월 작성'이라는 뜻일 수 있다. 어디까지나 내 짐작일 뿐이다.

열여섯 개의 서랍에 가득 찬 서류들은 그나마 다루기가 수월한 편이었다. 하지만 서랍마다(상자와 수납장도 마찬가지였다) 서류철이 어찌나 빽빽하게 들어차 있던지, 거기서 서류철 하나를 끄집어내는 것 자체가 하나의 운동이었고 다시 집어넣는 일은 웬만한 헬스 마니아들에게도 버거울 정도였다.

그럼에도 나는 '죄의 여러 얼굴'이라는 제목의 서류철을 용케 끄집어냈고, 식견 있는 여러 사람과 상의한 끝에 이 자료가 죄에 관한 책을 시작하기에 좋은 토대가 되리라 판단했다. 그동안 팀이 쓴 책 대부분에서 그의 구어(口語)를 문어(文語)로 다듬는 편집자 역할을 맡아 왔기에 이번 작업도 수월할 줄 알았으나, 늘 그렇듯 생각만큼 쉬운 일은 세상에 없었다.

오랜 세월 우리의 에이전트로 일해 왔으며 이제는 친구이자 조력자가 된 데이비드 맥코믹, 리디머교회(Redeemer Presbyterian Church)의 장로를 지냈으며, 현재 존더번/하퍼콜린스(Zondervan/HarperCollins) 출판사의 부사장 겸 총괄 편집자로 있는 웹스터 연스, 그리고 특히 내용 편집을 맡아 팀의 설교와 강연의 구어를 문어로 정리하고 다듬는 일을 도와준 브레이든 그렉에게 깊은 감사의 마음을 전한다. 팀 특유의 어조를 잘 포착해 탁월하게 살리는 그렉이 없었다면, 나 혼자서는 이 일을 해내기 어려웠을 것이다.

각 장이 기도로 마무리되는 이유가 있다. 모든 성숙한 그리스도인과 마찬가지로, 팀 역시 자신의 죄를 대할 때 인간의 자기기만이 가장 심하다는 사실을 알고 있었기 때문이다. 우리는 사람들을 가혹하게 대하면서 그것을 '직언'이라 포장하고, 하나님과 교제하는 개인적인 시간이나 공예배를 빼먹으면서 그것을 '자기 관리'라 부르곤 한다. 스스로 죄가 아니라고 확신해 버린 일은 자백할 수가 없다. 그러므로 이 책을 읽는 동안 하나님이 당신의 숨은 죄를 낱낱이 살피시도록 자신을 내어 드리라. 그분의 법을 어기고 마음을 아프게 한 일들에 대해 상하고 통회하는 심령을 달라고 기도하라. 구하는 사람에게 하나님은 언제나 은혜로 응답하신다.

ㄴ 캐시 켈러

죄 이야기에 눈감으면 인간에게는 출구가 없다

날마다 우리 마음과 생각 속에 수많은 질문이 떠오른다. "오늘은 무슨 옷을 입을까?", "저녁 식사로 뭘 해 먹을까?"처럼 답하기 쉬운 질문이 있는가 하면, "다른 도시로 이사해야 할까?"나 "이 사람과 결혼해야 할까?"처럼 보다 무겁고 결정하기 어려운 질문도 있다. 그러나 이 모든 것을 넘어서는, 우리 모두가 수없이 자신에게 던지는 궁극적인 질문이 있다. "도대체 세상은 왜 이럴까? 인간이라는 존재는 왜 이러는 걸까?"

이 질문은 다른 형태로 나타나기도 한다. "왜 우리는 서로를 이토록 모질게 대할까?" "왜 대량 학살과 살인 같은 끔찍한 일을 저지르고, 타인을 가난으로 내몰까?" "왜 우리는 서로 평화롭게 지내며 그저 행복하게 살 수 없을까?" 어떤 형태를 띠든, 이 질문들은 인간 존재를 이해하는 데 핵심적인 질문들이다.

몇 년 전 나는 현대 사회에 스며든 악과 이를 바라보는 우리의 시각을 주제로 다룬 책을 읽었다.[1] 머리말에서 저자는 신문에 단 한 주도 끔찍한 사건이 보도되지 않은 적이 없다고 밝혔다. 그러면서 단돈 몇 달러에 청부 살인을 저지른 10대 아이들, 자동차 열쇠 때문에 다투다 머리에 총을 맞은 사람의 기사를 예로 들었다. 그가 책 집필을 마칠 무렵에는 여러 강제 수용소에서 인종 청소라는 만행이 벌어지고 있다는 보도까지 나왔다.[2]

"도대체 우리는 왜 이러는 걸까? 무엇이 인간을 이런 일들까지 저지르게 내모는 걸까?" 마음속에서 이런 의문이 들끓지 않는다면 당신은 현실을 외면하고 있는 것이다.

이 물음에 답하려는 다양한 시도가 있었다. 인종 청소에 대한 뉴스를 듣고 그것이 명백히 인종 차별의 산물이라며 사회학적 원인을 지적하는 이들이 있다. 하지만 그것은 실제로 그 질문에 대한 답이 될 수 없다. 왜 우리 인간은 그토록 잔인한 인종 차별적 만행을 저지를 수가 있는 걸까? 애초에 다른 인종을 그토록 냉혹하게 대하는 일이 어떻게 가능하단 말인가? 살인 청부업자가 된 청소년들에 대한 기사를 읽으면서도 사회학에 주목할 수 있다. 그것이 빈곤의 산물이라고 말이다. 하지만 얼마든지 다른 방식도 있는데 그들은 왜 하필 살인으로 반응한 걸까?

사회학적 요인은 근본적인 답이 아니다. 살인의 계기는 될지언정 근본 원인은 아니다. 인간이 어째서 그런 악랄한 짓을 저지르는지에 대해 성경이 내놓는 답은 단순하면서도 복잡하다. 그 답은 바로 '죄'다. 이 글을 읽고 있는 많은 이들이 이를 원시적이고 구시대적인 분석이라며 불쾌해할지 모르겠다. 맞다. 원시적이고 구시대적이다. 내가 봐도 그렇고, 성경도 그렇다고 말한다. 하지만 죄는 세상과 인류 역사 전반에 깊숙이 얽혀 있는 엄연한 사실이다. 그것이 오래된 것이 아니라면 오히려 끔찍한 답일 것이다.

하지만 여기서부터 복잡해진다. 죄는 뉴스에 나오는 극악무도한 행위에만 국한되지 않는다. 인류의 타락에 대해 우리가 던지는 질문, 곧 앞서 말한 여러 이야기가 불러일으키는 의문은 우리 자신에게도 그대로 적용된다. 어째서 우리는 다른 사람에게 거짓말을 밥 먹듯이 쉽게 할까? 해로운 중독인 줄 깨닫는 순간 즉시 끊어 버리지 못하고 왜 자꾸 거기로 되돌아가 자신을 해칠까?

사실 우리는 '죄'를 이해하지 않고서는 이런 질문에 결코 답할 수 없다. 죄를 충분히 이해하지 않는 한 세상의 온갖 문제는 고사하고 개인의 문제조차 해결할 수 없다. 병을 진단하지 않고서 어떻게 약을 처방할 수 있겠는가?

우리는 죄라는 단어를 들으면 죄에 대해 가르치는 성경의 교훈적인 부분들, 곧 십계명이나 하나님의 율법 조항, "~하지 말라"는 규율들을 떠올리곤 한다. 그것도 어느 정도는 맞다. 그러나 성경이 묘사하는 죄는 그런 본문에 담긴 내용보다 훨씬 광범위하다. 성경은 많은 구체적인 사례와 비유(은유)를 통해 죄가 무엇인지, 우리에게 어떤 영향을 미치는지, 왜 우리가 자꾸 죄로 되돌아가는지를 두루 보여 준다.

창세기의 가인 이야기에서 죄는 맹수로 묘사된다. 열왕기하의 나아만 이야기에서는 나병의 모습으로 나타난다. 마가복음에서 예수님은 바리새인을 꾸짖으실 때 죄를 누룩에 비유하신다. 그뿐만 아니라 성경은 죄를 자기기만, 자기의, 예속으로 설명한다. 이 책에서는 이러한 각각의 비유를 살펴보며, 세상의 문제를 이해하는 데 이 비유들이 어떤 의미가 있는지를 고찰할 것이다. 각 장은 죄의 특정한 일면을 조명하고, 우리가 어떻게 그 죄로부터 구원받을 수 있는지 탐구한다.

어떤 이들은 이렇게 생각할 수 있다. "왜 죄처럼 부정적이고 인기 없는 주제에 책 한 권을 통째로 할애하지?" 기독교에 대해 아직 마음이 긴가민가한 이들도 있을 텐데, 그들은 이렇게 말할지도 모르겠다. "하나님을 믿는지조차 확실치 않은 내가, 도대체 왜 죄에 관한 이야기에 귀를 기울여야 한단 말입니까?"

죄를 이해하는 것은 단순히 중요한 정도가 아니라 지극히 중요하다. 두 가지 이유에서 그렇다. 첫째, 죄에 대한 성경의 가르침이야말로 기독교가 진리임을 입증하는 가장 강력한 논거 중 하나이기 때문이다. 둘째, 죄를 알아야 현실의 삶을 가장 잘 감당할 수 있기 때문이다.

첫 번째 이유부터 살펴보자. 앞으로 차차 소개하겠지만, 기독교를 떠났으나 인간 행동의 가장 어두운 심연을 설명해 낼 길은 '죄'라는 개념뿐임을 깨닫고 다시 기독교를 받아들인 사람이 수없이 많다. 그들은 인간의 악을 가까이서 목격했는데, 자신이 본 것을 충분히 설명해 줄 방법은 성경뿐이었다.

컬럼비아대학교에서 미국학을 가르치는 교수로, 자칭 '세속 자유주의자'인 앤드루 델방코는 *The Death of Satan: How Americans Have Lost the Sense of Evil*(사탄의 죽음: 미국에서 실종된 악의 개념)에서 다음과 같이 역설했다. 우리가 종교와 함께 도덕적·영적 의미에서의 '죄'라는 개념을 폐기한다면, 우리는 서로에게 저지르는 그 모든 끔찍한 일들의 원인을 오직 생물학이나 심리학, 혹은 사회학의 탓으로만 돌릴 수밖에 없게 된다. 거기에서 온갖 문제가 생겨난다. 델방코의 말마따나 "우리 문화에 거대한 간극이 생겨 버렸다. 악이 뻔히 보이는데도 거기에 대응할 만한 지적 자원이 없다."[3]

인간이 저지르는 끔찍한 행위가 생물학의 산물이라면, 그것까지도 진화를 통해 발현된 형질이다. 적자생존의 조건에 공격성도 들어 있는 것이다. 심리학이 원인이라면 우리의 악행은 억눌린 감정 탓이고, 사회학이 원인이라면 경제적 박탈 때문이다. 하지만 악의 참상을 가까이서 보면 그런 이론들은 다 무너져 내린다. 그런 이론들이 사실이라면 인간의 행위는 다 어쩔 수 없는 것이며, 따라서 우리 인간은 실제로 악한 게 아니다.

하지만 자기 자식을 죽이는 부모를 목격하고도 그 말에 수긍할 사람은 없다. 아무리 애써도 그런 행위는 쉽게 정당화할 수 없다. 소설 《양들의 침묵》(*The Silence of the Lambs*)에서 연쇄 살인범 한니발 렉터는 자신을 분석하려는 FBI(연방수사국) 요원에게 이렇게 말한다. "스탈링 요원, 나한테 무슨 일이 있어서 이렇게 된 게 아니오. 나는 그냥 나일 뿐. 나를 몇 가지 외부 요인의 총합으로 환원하려 들지 마시오. 당신이 신봉하는 행동주의대로라면 세상에 선과 악의 구분은 사라지고…… 모두가 도덕적 존엄이라는 옷을 입고 있으니 누구에게도 책임을 물을 수 없지. 나를 보시오, 스탈링 요원. 내가 악하다고 말할 수 있겠소?"[4]

러시아 소설가 표도르 도스토옙스키는 《카라마조프가의 형제들》(*The Brothers Karamazov*)에서 모든 악을 생물학 탓으로 돌리는 시각을 다룬다. "흔히들 짐승같이 잔인하다는 표현을 쓰는데 그건 짐승한테 아주 부당한 모욕이야. 인간은 잔인하기가 가히 예술의 경지지만 짐승은 결코 인간처럼 잔인할 수 없거든. 호랑이는 기껏해야 물어뜯는 정도지 사람의 귀에 못을 박는 생각 같은 건 할 수 있다 해도 안 할 거야."[5] 도스토옙스키가 알았듯이 생물학이나 사회학, 심리학으로 설명되지 않는 무언가가 있다. 그게 바로 죄다.

죄를 이해하는 것이 지극히 중요한 두 번째 이유는 전통적인 죄 개념을 그저 구식이라고 외면할 경우 개인도 사회도 무수한 오판을 면할 수 없기 때문이다. 그러면 현실의 삶을 제대로 마주하고 감당할 수 없을 뿐 아니라, 하나님의 사랑과 은혜가 얼마나 영광스러운지도 이해할 수 없게 된다. 그 사랑과 은혜에 압도되거나 경탄할 일도 없을 것이다.

어떤 사람이 당신을 찾아와 "저번에 당신 집에 갔는데 없더군요. 마침 누가 청구서를 들고 왔길래 내가 대신 지불했습니다"라고 말한다면 당신은 어떻게 반응하겠는가? 물론 청구 금액에 따라 달라지리라.

배송료 75센트일 때와 집주인이 밀린 월세를 받으러 왔을 때는 차원이 다르다. 만일 국세청 조사관이 와서 "10년치 체납 세금을 당장 완납하지 않으면 재산을 몰수하겠습니다"라고 말했다면 그야말로 반응은 완전히 달라질 것이다. 대신 내 준 금액이 10달러인지 1,000달러인지 10만 달러인지 모른다면, 당신이 약간의 도움을 받은 것인지 아니면 파산 위기에서 완전히 구원받은 것인지 알 수 없다. 대납해 준 사람과 가볍게 악수만 할 것인지, 아니면 그의 발에 입맞추며 영원한 충성을 맹세할 것인지 알 수 없다.

이것이 죄의 개념과 무슨 상관일까? 이렇게 연결된다. 오늘 당신의 삶에 기쁨이 없고 당신을 위해 죽으신 예수님을 생각해도 감격이나 변화가 없다면, 자기 죄의 심각성과 위력을 모르는 것이다. 그분이 십자가에서 당신을 위해 행하신 일을 생각해도 아무런 힘이 나지 않는다면, 그리스도께서 갚아 주신 당신의 빚이 얼마나 어마어마한지를 전혀 모르는 것이다. 그분이 당신을 얼마나 먼 곳까지 데려오셨는지, 그분이 행하신 일이 얼마나 대단한지, 그분이 그 일을 하실 수밖에 없게 만든 당신의 죄가 얼마나 깊고 중한지를 모르는 것이다.

달리 말하자면, 죄를 이해하지 못하면 현실의 삶을 제대로 마주하고 감당할 만큼 충분히 비관적이지도, 충분히 낙관적이지도 못하게 된다.

인간이 끔찍한 일을 저지르는 이유가 열악한 사회적 환경이나 진화, 혹은 억눌린 심리 때문이라고 믿는 사람은 결코 현실의 삶을 제대로 마주하고 감당할 수 없다. 당신은 한니발 렉터 앞에서 할 말을 잃은 스탈링 요원처럼 되고 말 것이다. 충분히 비관적이지 못해 삶의 암담한 현실을 직시하고 거기에 맞서 씨름할 수 없다는 말이다.

영국 작가 도로시 L. 세이어즈는 에세이 "신조인가, 무질서인가?"(*Creed or Chaos?*)에서 기독교가 현실 도피라는 세간의 조롱과는 정반대로, 세상을 바라보는 지극히 명료한 인식을 제공한다면서 이렇게 썼다. "기독교가 내세에 치우치고, 비현실적이며, 착하게 살면 결국 행복해진다는 식의 이상주의적인 종교로 알려진 것은 내가 보기에 재앙에 가깝다. 오히려 기독교는 치열하다 못해 가혹할 정도로 현실적이다. 기독교가 말하는 영원한 성취에 비하면 행복이라는 것조차 쓰레기처럼 보일 정도다."[6] 다시 말해서 죄에 대한 기독교의 명료한 시각 때문에라도 기독교에는 비현실적이고 이상주의적인 인생관이 들어설 수 없다.

다른 한편으로, 죄를 온전히 이해하지 못하면 삶의 냉혹한 현실 속에서도 소망을 잃지 않고 낙관할 근거가 없다. 죄를 직시해야만 예수님이 우리를 위해 하신 일과 우리에게 주신 것, 나아가 우리 안에서 행하실 수 있고 지금 행하고 계신 일을 볼 수 있다. 그 일들은 이 땅의 어떤 행복도 한낱 쓰레기처럼 보이게 할 만큼 위대하다. 거기서 얻는 기쁨과 확신으로 우리는 삶을 헤쳐 나갈 수 있다. 죄를 이해하지 못하면 우리는 현실의 삶을 제대로 마주하고 감당할 만큼 충분히 비관적이지도, 충분히 낙관적이지도 못할 것이다.

도대체 세상은 왜 이럴까? 이 질문에 조금이라도 답할 수 있으려면 죄의 복잡성과 다면성을 이해하는 일부터 시작해야 한다. 거기서 출발하여 죄에서 우리를 구원하기로 작정하신 하나님의 무한한 사랑을 이해하는 데까지 나아가야 한다. 그렇지 않으면 저 질문의 답인 '죄'에서 구원받기는 더더욱 요원해질 뿐이다. 이 책에 그 방법이 나와 있다.

일러두기　　이 책에 실린 성경 말씀은 《성경전서 개역개정판》(대한성서공회)을 기본으로 사용했다. 《성경전서 새번역》(대한성서공회)을 사용할 경우에는 성구마다 역본명을 별도로 표기했다. NIV(New International Version), NASB(New American Standard Bible)를 인용한 부분은 직접 번역하고 역본명을 별도로 표기했다.

What is Wrong with the World?

Part 1

평범한 인간의
마음 한복판에
낯선 괴물이 숨어 산다

○ 모든 문제 이면의 핵심, '죄'의 해부학 ○

,

삶을 집어삼키는
치명적인 위력

3 세월이 지난 후에 가인은 땅의 소산으로 제물을 삼아 여호와께 드렸고 4 아벨은 자기도 양의 첫 새끼와 그 기름으로 드렸더니 여호와께서 아벨과 그의 제물은 받으셨으나 5 가인과 그의 제물은 받지 아니하신지라 가인이 몹시 분하여 안색이 변하니

6 여호와께서 가인에게 이르시되 네가 분하여 함은 어찌 됨이며 안색이 변함은 어찌 됨이냐 7 네가 선을 행하면 어찌 낯을 들지 못하겠느냐 선을 행하지 아니하면 죄가 문에 엎드려 있느니라 죄가 너를 원하나 너는 죄를 다스릴지니라

8 가인이 그의 아우 아벨에게 말하고 그들이 들에 있을 때에 가인이 그의 아우 아벨을 쳐 죽이니라

9 여호와께서 가인에게 이르시되 네 아우 아벨이 어디 있느냐 그가 이르되 내가 알지 못하나이다 내가 내 아우를 지키는 자니이까

10 이르시되 네가 무엇을 하였느냐 네 아우의 핏소리가 땅에서부터 내게 호소하느니라 11 땅이 그 입을 벌려 네 손에서부터 네 아우의 피를 받았은즉 네가 땅에서 저주를 받으리니 12 네가 밭을 갈아도 땅이 다시는 그 효력을 네게 주지 아니할 것이요 너는 땅에서 피하며 유리하는 자가 되리라

13 가인이 여호와께 아뢰되 내 죄벌이 지기가 너무 무거우니이다 14 주께서 오늘 이 지면에서 나를 쫓아내시온즉 내가 주의 낯을 뵈옵지 못하리니 내가 땅에서 피하며 유리하는 자가 될지라 무릇 나를 만나는 자마다 나를 죽이겠나이다

15 여호와께서 그에게 이르시되 그렇지 아니하다 가인을 죽이는 자는 벌을 칠 배나 받으리라 하시고 가인에게 표를 주사 그를 만나는 모든 사람에게서 죽임을 면하게 하시니라

몇 년 전, 아들과 함께 영화 〈터미네이터〉(Terminator)를 보았다. 미래의 사이보그가 시간여행을 통해 현재로 와 주인공 사라 코너를 암살하려 하는 내용의 SF 영화로, 폭력적이긴 하지만 만듦새가 훌륭한 작품이었다. 그런데 이 영화를 다시 보니 전에는 미처 몰랐던 사실 하나가 눈에 들어왔다. 사라가 처한 곤경의 상당 부분은 그녀를 뒤쫓는 킬러의 포식자적인 위력을 사람들이 과소평가했기 때문에 벌어진 일이었다.

등장하는 인물마다 터미네이터의 가공할 만한 힘을 제대로 모른다. 그는 인간처럼 **보이지만** 사실 불멸에 가까운 기계다. 영화 초반에 술집에 있던 사라가 두려운 나머지 경찰서에 신고하자 형사는 "거기는 공공장소니까 우리가 도착할 때까지 안전할 겁니다"라고 말한다.[1] 공공장소라서 목격자가 많으니 아무도 감히 그녀를 죽이려 들지 못하리라 생각한 것이다. 주위에 누가 있든 표적을 죽일 수만 있다면 이 '맹수'가 못할 일이란 없음을 형사는 모른다.

얼마 후 사라를 경찰서로 데려온 형사는 "저쪽 방에 소파가 있으니 거기 누워 눈 좀 붙여요. …… 이 건물에 경찰만 30명이니 여기보다 안전한 데는 없어요"라고 말한다.[2] 혼자서 그들 전부를 해치우고도 남는 터미네이터의 압도적인 실체를 그들은 꿈에도 모른다. 실제로 그들은 터미네이터에게 전멸되고 만다. 문제는 사라를 죽이려는 자가 있다는 것만이 아니라 그녀를 죽이려는 자의 **위력**을 아무도 모른다는 것이다.

이번 장에서 다룰 창세기 4장 3-15절 본문에서 하나님은 친히 가인에게 그가 자기 마음속에 있는 죄의 위력을 모른다고 말씀하신다. 성경 전체에 밝히 드러나 있듯이 세상이 지금처럼 망가진 주원인은 인간의 죄다. 그러나 문제는 인간의 마음속에 죄가 있다는 것만이 아니라 우리가 죄의 **위력**을 인식하거나 인정하지 못하고 때로 그럴 마음조차 없다는 것이다. 우리는 죄를 너무나도 과소평가한다.

그러므로 죄의 본질을 이해하는 것보다 더 중요한 일은 없다. 그 본질을 하나님은 생생하고 의미심장한 한마디 말씀으로 가인과 우리에게 계시해 주신다. "죄가 문에 엎드려 있느니라 죄가 너를 원하나 너는 죄를 다스릴지니라"(7절). 이 짤막한 구절은 죄에 대해 세 가지를 말해 준다. 첫째, 죄가 숨어 있다고 말한다. 죄는 엎드려 있다. 둘째, 죄의 위력이 엄청나다고 말한다. 죄는 '우리'를 소유하려 한다. 셋째, 우리에게 죄에 맞설 소망이 있음을 암시한다. 우리는 죄를 다스려야 한다. 이 한마디로 하나님은 죄의 숨는 성질과 죄의 위력, 죄를 이길 소망을 말씀해 주신다.

숨어 있는 괴물

"엎드려 있느니라"로 옮겨진 히브리어 단어는 주로 고양잇과의 큰 동물인 표범과 호랑이 같은 맹수에게 쓰는 표현이다. 고양이를 키워 봤다면 잘 알겠지만 고양이는 눈에 보이는 곤충을 쫓아다닌다. 우리 집에 있던 고양이는 맹수랄 것도 없는데 날아다니는 곤충만 봤다 하면 갑자기 사나워졌다. 일단 자취를 감춘 채 꼼짝도 하지 않는다. 실제보다 작아 보이게 몸을 낮춰 숨는 것이다. 이것이 바로 엎드려 있는 모습이다. 집고양이보다 훨씬 위험하긴 하지만, 본문에 묘사된 죄도 그와 같은 모습으로 숨어 있다.

하나님이 가인에게 하시는 말씀은 죄가 본래의 실제보다 작아 보인다는 것이다. 우리의 평범한 삶과 평범한 감정 속에 괴물이 숨어 있건만, 대개 우리는 그 괴물이 우리에게 미치는 영향을 합리화한다. 가인과 아벨의 이야기를 보면 어떤 식으로 그러는지 알 수 있다.

이야기 초반에서 가인이 느낀 감정은 정당하면서도 지극히 평범한 반응처럼 보인다. "가인이 몹시 분하여 안색이 변하니"(창세기 4장 5절). 그는 낙담했고 동생을 질투했다. 하나님이 나보다 동생, 형이나 언니를 더 좋아하시는 것처럼 보인다면, 우리도 누구나 그런 기분이 들 것이다. 자신이 남에게 가려질 때 나오는 인간의 평범한 반응이다.

그러나 하나님이 가인에게 말씀하시듯이 그는 이 감정의 핵심을 보지 못한다. 평범해 보이는 원한 한가운데에 무언가가 엎드려 있다. 이 시기심 속에 얼마나 압도적인 힘이 숨어 있는지 그는 모른다.

대체 어떻게 된 일일까? 가인과 아벨 둘 다 하나님께 제물을 드렸다. "제물"로 번역된 단어는 이 이야기를 이해하는 데 특히 중요하다. 히브리어에 제물을 지칭하는 단어가 많은데, 여기에 쓰인 단어 "민하"는 특히 예물이나 봉헌 제물을 뜻한다.

예물은 속죄 제물과는 다르다. 본문의 가인과 아벨은 하나님께 용서받으러 간 게 아니라 자신의 것을 그분께 드리러 갔다. 이는 자신과 자신의 모든 소유가 실제로 그분의 것임을 상징한다.

현대 서구 문화에서 예물의 단적인 예는 남자가 결혼하고 싶은 여자에게 약혼반지를 주는 것이다. 결혼식 때 신부도 신랑에게 반지를 준다. 알다시피 예물 반지는 매우 값이 비싸다. 내가 아내 캐시에게 청혼할 때는 각자의 책도 팔고 서로 가진 돈을 전부 끌어모은 끝에 겨우 약혼반지를 마련했다. 당시 우리는 배고픈 학생 신분이었기에 돈을 모으기가 좀처럼 힘든 상황이었다. 그럼에도 신랑 신부가 반지를 교환하는 것은 단순히 물건을 주고받는 것 이상의 의미가 있기 때문이다. 바로 "당신에게 나를 준다"라는 상징적 고백이다.

실제로 전통적인 성공회 결혼식에서는 남편과 아내가 반지를 교환할 때 주례를 따라 이렇게 고백한다. "내 서약의 상징으로 당신에게 이 반지를 드립니다. 내 모든 존재와 소유를 다해 당신을 존귀히 여깁니다." 나도 주례를 설 때마다 이 문구를 사용한다. 이렇듯 반지는 자신의 전부를 준다는 증표다.

한 가지 묻겠다. 어떤 남자가 공들여 아주 값비싼 반지를 사서 연인에게 건네며 "나와 결혼해 줄래요?"라고 청혼했다. 여자도 기쁜 마음으로 수락하려 했는데…… 전날 밤에 남자가 양다리를 걸치고 있다는 사실을 알게 됐다. 여자는 뭐라고 말할까? 그런데도 "어머, 고마워요"라고 말할까?

아니, 분명히 이렇게 말할 것이다. "이건 사랑이 아니라 뇌물이에요. 당신은 거짓말쟁이야! 나를 좋아하는 마음은 **있을지** 몰라도 당신의 전부를 주는 건 아니잖아요. 이 예물로 내 전부를 원하면서 **당신은** 당신의 전부를 주지 않겠다니, 다 관둬요!"

우리조차 이렇듯 건성인 예물을 싫어하는데 하나님도 그러시지 않겠는가? 아무리 하나님을 예배하러 와서 기도며 돈이며 온갖 예물을 바친다 해도, 실제로 우리의 삶이 뒷받침되지 않는다면 그것은 사랑도 예배도 아닌 그저 뇌물일 뿐이다. "하나님의 은총을 원할 뿐 내 삶은 내 방식대로 살고 싶다"는 말이나 똑같다.

성경 속 가인이 그랬다. 어떻게 알 수 있을까? 지난 세월 많은 이들이 모세 율법과 거기에 언급된 피 제사를 보며, 아벨은 양을 드렸는데 가인은 곡물을 드린 것이 문제라고 결론지었다. 가인이 피 제사를 드리지 않은 게 이 성경 본문의 쟁점이라는 것이다.

하지만 이 이야기의 쟁점은 그게 다가 아니다. 당시에 예물이나 봉헌 제물을 드리려면 각자의 생업이 무엇이든 그 생업에서 나오는 산물을 가져가면 됐다. 가인은 농부였으니 농산물을 드렸고 아벨은 목자라서 양을 드린 것이다. 각자가 가져온 제물의 종류에는 문제가 없다. 문제는 다른 데 있다. 요한일서 3장 12절에 단서가 나와 있다. "가인같이 하지 말라 그는 악한 자에게 속하여 그 아우를 죽였으니 어떤 이유로 죽였느냐 자기의 행위는 악하고 그의 아우의 행위는 의로움이라." 이유가 무엇일까? 문제는 가인의 제물이 아니라 그 제물 배후에 도사리는 마음 상태에 있었다.

가인의 문제는 전심이 아닌 '건성'에 있다. 이러한 태도를 오늘날 평범한 교인들에게서 아주 흔히 볼 수 있다. 그들은 마약을 거래하거나 성매매 업소를 운영하지 않는다. 그저 교회에 출석하고 도덕적으로 살면서 하나님께 할 도리를 다해 그분의 간섭을 차단하려 할 뿐이다. 삶은 여전히 자신의 방식대로 살아가며, 무엇이 옳고 그른지도 스스로 판단한다. 전형적인 미지근한 종교 생활이다.

반면, 아벨의 신앙은 전심을 다하는 신앙이었다. 그 결과 성경은 "여호와께서 아벨과 그의 제물은 받으셨으

나 가인과 그의 제물은 받지 아니하신지라"라고 기록한다
(창세기 4장 4-5절). "받으셨다"(NASB는 '주목하다', '호의적으
로 바라보다'라는 뜻의 "regard"로 옮겼다-편집자)는 표현은 제단
에 제물을 바친 뒤 하늘에서 우레 같은 음성이 내려 "아벨?
좋다! 가인? 형편없다!"라고 했다는 뜻일까? 아마 아닐 것
이다. 하나님이 가인에게 하신 말씀이 성경에 직접 인용된
것을 보면 알 수 있다.

가인을 "받지 아니하신지라"라는 표현은 하나님이 그
에게 복을 내리지 않으셨음을 의미하며, 가인도 자기 삶이
잘 풀리지 않는 것을 보고 그 사실을 알았을 것이다. 다시
말해서 아벨에게 복과 사랑을 베푸신 하나님이 가인에게
서는 호의를 거두신 것이다. 가인은 어떻게 반응했는가?
"가인이 몹시 분하여 안색이 변하니"(5절). NIV 성경은 이
부분을 "가인이 매우 화가 났고, 그의 표정이 어두워졌다"
라고 번역했다.

미국 신학자 코넬리우스 플랜팅가 주니어의 책《우리
의 죄, 하나님의 샬롬》(*Not the Way It's Supposed to Be: A Breviary
of Sin*)은 죄에 관한 한 명저다. 지금 우리는 건성인 태도를
논하고 있는데, 플랜팅가에 따르면 건성인 태도의 핵심은
신으로 자처하고 하나님을 부속물로 보는 데 있다. 가인의
경우든 오늘날의 미지근한 신앙의 경우든 크게 다를 바 없
다. 죄는 **내가** 하나님인 양 행세하는 것이다. 우리는 하나
님을 자기 기쁨과 행복, 계획 등 내 목적을 이룰 수단으로

이용하려 한다.[3]

하나님을 참되게 예배하는 사람은 삶이 어긋날 때 당혹스러워하며 "주님, 어찌 된 일입니까?"라고 묻는다. 그러나 하나님께 뇌물을 바치는 사람은 삶이 뜻대로 풀리지 않으면 "이건 부당해! 내 뜻대로 될 권리가 나한테 있는데!"라며 격분한다. 이런 태도의 핵심은 무조건 요구만 하는 태도, 곧 권리 의식(entitlement)이다. 마치 내가 무엇을 원하든 하나님도 삶도 내가 원하는 대로 당연히 내놓을 의무가 있다는 식이다. 이런 권리 의식의 작은 씨앗을 그냥 내버려두면 반드시 점점 자라기 마련이다. 머잖아 우리는 내게 가장 좋은 것을 얻기 위해 남을 짓밟고, 내 욕심을 채울 수만 있다면 홧김에 뭐든 할 것이다. 삶이 내 뜻대로 되지 않을 때마다 이 건성인 태도 속 어딘가에 숨어 있던 괴물이 모습을 드러낸다.

하나님께 건성인 사람은 "하나님만 하나님이시며, 저는 아닙니다"라고 인정할 마음이 없다. 이런 태도는 흔하다 못해 아예 우리 대부분의 일상적인 모습이 되었다. 하지만 그 속에는 무시무시한 씨앗이 들어 있다. 하나님은 가인에게 이렇게 말씀하신 셈이다. "이 시기심 속에 살인이 숨어 있다. 네 문에 엎드려 있는 게 보이지 않니? 평범해 보이지만 절대 그렇지 않다. 그것은 괴물이다."

영리하게 숨어 있다

내가 평범한 누군가에게 인류가 어떻게 홀로코스트를 자행할 수 있고, 10대 아이들이 어떻게 청부 살인을 할 수 있으며, 보스니아에 왜 강제 수용소가 존재하느냐고 물으면, 대부분 비슷하게 답한다. 그러한 예는 예외일 뿐 보통 사람은 그런 악을 저지를 수 없으며 인간은 대부분 본래 선하다는 것이다.

홀로코스트 기획에 가담한 나치 전범 아돌프 아이히만은 아르헨티나에 숨어 살다가 1960년대에 발각되어 체포됐다. 많은 사람을 허탈하게 한 것은 누가 봐도 지극히 평범했던 그의 모습이었다. 사실 전범으로 재판받은 많은 나치당원이 그랬다. 독일계 미국인 정치이론가 한나 아렌트가 아이히만의 만행에 대한 재판을 보도하며 쓴 "악의 평범성"이라는 말이 지금은 너무도 유명해졌다. 그토록 엄청난 악을 저지른 그도 평범해 보였다는 뜻이다.

우리 생각대로라면 만행은 진짜 악한 사람만 저지르는 것이지 평범한 사람은 그런 짓을 저지를 수 없다. 하지만 그런 '괴물'을 막상 보면 우리처럼 생겼다. 지극히 평범하다. **그들이** 악을 행할 수 있다면 **우리도** 그럴 수 있다. 자고로 우리는 평범한 사람이라면 다 괜찮다고 믿고 싶어 하지만, 성경은 평범한 인간의 마음 한복판에 괴물이 살고 있다고 폭로한다.

대개 우리는 평범한 일반인도 그런 악을 행할 수 있다

는 사실을 잘 믿지 못한다. 프랭클린 D. 루스벨트 대통령 정부의 노동부 장관이었던 프랜시스 퍼킨스의 회고록 *The Roosevelt I Knew*(내가 알던 루스벨트)에 흥미로운 일화가 나온다. 제2차 세계대전 초반, 루스벨트는 유럽에서 벌어지는 괴이한 만행에 대해 많은 보고를 받았지만 귀담아듣지 않았다. 듣고도 차마 믿을 수 없어 대응을 피했다.

보고 내용이 과장이 아님을 깨달은 루스벨트는 평범한 인간이 어떻게 그토록 악하게 행동할 수 있는지 경악했다. 1944년 초 하이드파크의 교회에 간 그에게 성공회 목사는 덴마크 신학자 쇠렌 키르케고르가 쓴 원죄에 대한 저작을 읽어 봤느냐고 물었다. 그때부터 키르케고르의 책을 읽기 시작한 루스벨트는 얼마 지나지 않아 퍼킨스를 집무실로 불렀다. "키르케고르를 읽어 본 적 있습니까? 꼭 읽어야 합니다. 나치에 대해 가르쳐 줄 겁니다. 어디서도 들을 수 없던 나치에 대한 설명이 거기에 있어요. 인간의 탈을 쓰고 대체 어떻게 그렇게 행동할 수 있는지 도무지 이해가 안 갔는데 …… 독일인들이 그토록 악해질 수 있는 게 인간 내면의 무엇 때문인지 키르케고르가 깨우쳐 줍니다."[4]

루스벨트처럼 보통의 상식적이고 진보적인 세속적 인본주의자조차 자신에게 보고되는 악행을 인간이 저지를 수 있다고는 차마 믿지 못했다. 성경이 가르치는 원죄에 대한 키르케고르의 설명을 읽고 나서야 그는 깜짝 놀라며 상황을 이해할 수 있었다. 성경의 가르침을 몰랐을 때의 루스벨트는 그런 현실을 직시하지 못했고, 따라서 삶의 참혹한 실상을 다룰 준비가 되어 있지 않았던 것이다.

나를 속이고 숨어 있다

나의 가장 끔찍한 죄조차 정작 내 눈에는 남들이 보는 것보다 훨씬 작아 보이기 마련이다. 우리를 잘 아는 좋은 배우자나 친구는, 우리가 보지 못하는 우리의 결점을 우리보다 훨씬 더 분명하게 볼 수 있다. 그들에게 당신의 흠을 지적해 달라고 하면 당신은 깜짝 놀랄 것이다. 당신 눈에는 가려져 있는 결점이 그들에게는 너무도 자명하다. 남에게는 뻔히 보이는데 나에게는 도통 보이지 않는다.

그래서 스스로 보지 못하는 것을 볼 수 있도록 도와줄 사람들과 더불어 사는 것이 매우 중요하다. 오늘날 많은 사람이 혼자 살거나, 그게 아니더라도 가족, 가까운 친구 등 날마다 얼굴을 대하는 사람이 적은 편이다. 특히 도시인이 그렇지만 어디든 다 마찬가지다. 당신이 그 경우라면 교회에서 소그룹을 찾으라. 그러면 당신을 도와줄 사람들과 가까워질 기회가 생길 것이다. 내게 보이지 않는 내 모습을 대신 보고 알려 줄 사람이 우리 모두에게 필요하다.

이것이 중요한 이유는 우리 죄를 그냥 방치하면 상상도 못 할 만큼 거대하게 자라나기 때문이다. 모든 원한은 살인을, 모든 정욕은 간음을, 모든 시기심은 강도질을 품고 있다. 모든 자기 연민은 우상 숭배다. 하나님보다 더 중요하게 여기는 무언가, 즉 자신을 확실히 구원해 줄 거라 믿는 대상을 하나님 자리에 두기 때문이다.

죄는 자신이 해롭지 않다며 우리를 안심시키고, 오히려 자신이 내미는 것을 누릴 자격이 우리에게 있다고 속인다. 그리하여 우리는 죄를 용납하며 자리를 내준다. 이 본문에서 하나님이 우리에게 경고하시려는 것이 바로 이것이다. 그분은 우리에게 죄를 정복하고 다스리라고 명하신다(창세기 4장 7절). 옛 청교도들은 "죄를 끊는다"는 표현을 썼다. 죄와는 아예 상종조차 하지 말라는 뜻이다. 당신의 삶을 죄에 한 치도 내주지 말라. "마음 한구석에 있으니 괜찮겠지. 아주 작은 죄인 데다 지금은 잠들어 있는 것 같거든"이라고 스스로를 속이지 말라. 절대 그래서는 안 된다.

역사상 모든 사회와 모든 문화가 이처럼 몸을 숨기는 죄의 속성에 감쪽같이 속아 넘어갔다. 당신은 결코 속지 말라. 죄는 조금도 용납해서는 안 된다.

죄의 목표, '나'를 소유하는 것

창세기 4장 7절에서 하나님은 가인에게 "선을 행하지 아니하면 죄가 문에 엎드려 있느니라"라고 말씀하신다. 죄의 압도적인 실체를 보여 주는 말씀이다. 올바르게 살지 않으면 우리는 자신을 물어뜯고 괴롭힐 무언가를 만들어

내는 것이다.

당신이 죄를 짓고 나면 죄가 당신을 짓는다. 당신이 하나의 죄를 끝냈다 해도 죄는 아직 당신을 끝내지 않았다. 당신이 짓는 죄는 그냥 사라지지 않고 살아서 당신을 삼키려 한다. 죄에 그런 위력과 독기가 있다. 죄의 임무는 당신을 완전히 소유하는 것이다.

죄가 정확히 어떻게 우리를 소유할 수 있는지 이 책 나머지 부분에서 살펴보겠지만, 우선 죄의 양면적 위력을 보여 주는 예가 있다. 거짓말은 단 한 번으로 끝나지 않는다. 처음 한 거짓말을 유지하려면 또 다른 거짓말을 해야 한다. 굳이 성경을 믿는 그리스도인이 아니어도 이는 누구나 알 만한 이치다. 수많은 현명한 사상가와 종교가 다 그렇게 인정했다.

죄는 중독성이 강하다. 레이 감자칩의 옛 광고 문구처럼 딱 하나로 멈출 수 없다. 거짓말은 어느새 또 다른 **거짓말**로 이어지고, 그다음 거짓말은 처음보다 쉬워진다. '상상조차 할 수 없던 일'이 일단 저지르고 나면 얼마나 빨리 '그럴 수도 있는 일'로 바뀌는지 참으로 놀라울 따름이다.

미움도 마찬가지다. 미워하면 미움이 커진다. 점점 더 미워진다. C. S. 루이스가 역설했듯이, 나치는 처음에는 유대인을 미워해서 죽였지만 결국은 자기네가 그들을 죽이고 있기 때문에 미워했다.[5] 그렇지 않은가? 화나서 누군가를 학대하면 자신의 학대를 정당화하기 위해 화난 상태를 유지해야 한다. 쉽게 빠져나올 수 없는 악순환으로 점차 굳어진다. 자기도 모르는 사이에 그 행동에 지배당한다. 남을 미워하는 사람은 미움에 사로잡히고 거짓말쟁이는 거짓말이 몸에 밴다.

존 스타인벡은 《에덴의 동쪽》(*East of Eden*)이라는 흥미진진한 소설을 썼다. 동생 찰스와 경쟁하고 대립하느라 삶이 망가진 애덤이라는 남자의 이야기다. 이후 애덤은 결혼하여 캘리포니아로 이주한다. 그곳에 새 보금자리를 꾸려 행복하게 살고 싶어서다. 그에게는 케일럽(Caleb)과 애런(Aron)이라는 두 아들이 있다. 가인(Cain), 아벨(Abel)을 떠올리게 하는 이름 아닌가? 작가의 의도적인 설정이다.

살아가면서 애덤은 자기 삶의 문제가 동생 찰스가 아니라 바로 자신이었음을 깨닫고 기겁한다. 그의 마음속에 있던 교만과 경쟁심이 자녀들의 마음으로 대물림된 것이다. 그의 두 아들은 서로 사랑하고 나누기는커녕 애덤과 찰스처럼 서로에게 적대적이다. 죄는 멈추지 않고 계속되며, 갈수록 더 뚜렷이 드러난다.

하지만 죄의 역동성에는 단순히 중독성만으로는 다 설명할 수 없는 무언가가 있다. 거짓말은 하면 할수록 더 쉬워지다 못해 결국 불가피해질 뿐 아니라, 어느덧 **나 자신도** 거짓말에 속아 넘어가는 처지가 되고 만다. 거짓말을 하면 우리 **내면에서만** 아니라 우리를 둘러싼 **외부의 세계에서도** 실제로 어떤 일이 벌어진다. 코넬리우스 플랜팅가는 이를 "수확의 법칙"이라 부른다.

수확의 법칙은 우리가 무엇을 심든 예외 없이 적용된다. 선이나 악, 사랑이나 미움, 정의나 압제, 포도나 가시, 너그러운 칭찬이나 까다로운 불평 등 무엇을 투자하든 으레 이자까지 붙어서 그대로 되돌아온다. 사랑하는 사람은 사랑받고, 미워하는 사람은 미움받는다. 용서하는 사람은 대개 용서받고, 칼로 사는 사람은 칼에 죽는다. "하나님은 업신여김을 받지 아니하시나니 사람이 무엇으로 심든지 그대로 거두리라"(갈라디아서 6장 7절).[6]

하나님이 지으신 우주의 이치가 그러하다. 하나님의 법을 거스르면 해를 자초한다. 죄는 그저 나쁜 것이 아니라 미련한 짓이다. 우리 영혼의 결은 물론이고 온 우주의 질서에 어긋나기 때문이다.

거짓말쟁이는 결국 거짓말에 속게 되고, 험담꾼은 늘 험담의 표적이 된다. 미워하는 자는 반드시 미움을 되돌려 받고, 배신자는 배신당하며, 비겁한 자는 결국 외면당한다. 왜일까? 당장 매일 매 순간은 아닐지 몰라도 결국 우리는 늘 심은 대로 거두기 때문이다. 우리가 죄를 끝냈다고 해서 죄가 우리를 끝낸 것은 아니다. 죄는 수단과 방법을 가리지 않고 악착같이 우리를 장악하려 든다.

나를 위해 호소하는 그리스도의 피

혹자는 이런 생각이 들 수 있다. "소망은 어디 있나? 이렇게 암담한 내용을 내가 왜 읽고 있지?" 여기 기쁜 소식이 있다. 터미네이터가 우리를 추격할지라도 그보다 훨씬 크신 분이 우리를 그로부터 구원하실 수 있다. 우리를 도우실 수 있는 구주가 계신다. 영화 속 사라가 죽을 고비에 처했을 때 누군가 다가와 말한다. "나를 따라오면 살 수 있습니다." 성경도 우리에게 똑같이 말한다. 우리 힘으로는 우리를 추격하는 죄로부터 결코 구원받을 수 없다. 그러면 어찌할 텐가? 본문의 하나님은 우리에게 죄를 다스리라고만 하시고 정확한 방법은 말씀하지 않으셨다. 본문에서 벌어지고 있는 일을 설명해 보자면 이렇다.

우선 하나님이 가인에게 오신다. 이 점을 간과하지 말라. 하나님이 가인에게 말을 거신다는 사실에 소망이 있다. 나는 이 대화가 참 좋다. "네가 분하여 함은 어찌 됨이며 안색이 변함은 어찌 됨이냐"(창세기 4장 6절). 가인에게 "무슨 일인지 모르겠니?" 하고 물으신 셈이다. 이 질문에서 하나님에 대해 무엇을 알 수 있을까? 일단 그분의 접근법이 죄인을 심히 정죄하는 태도로 대하는 여느 사역자나 기독교인과는 사뭇 다르다는 것을 알 수 있다.

하나님이 죄인들과 나누시는 대화를 읽어 보라. 그분은 주로 뭐라고 말씀하시는가? 아담과 하와에게는 무엇이 잘못됐는지 그분께 털어놓으라는 뜻으로 "네가 어디에 있느냐"라고 물으시고, 요나에게는 "네가 성내는 것이 옳으냐"라고 물으신다. 그리고 가인에게는 마치 "가인아, 이번 일에 대해 한번 생각해 보자"라며 대화를 청하신다. 하나님의 이런 반응이 참으로 놀랍다. 죄의 심각성을 있는 그대로 지적하시는 말씀이지만, 그 속에 소망이 깃들어 있는 것이다.

마치 하나님이 이렇게 말씀하시는 듯하다. "가인아, 네 진짜 적은 아벨이 아니라는 사실을 정말 모르겠니? 네 진짜 적은 바로 죄다. 진짜 문제는 내가 네게 한 일이나 동생이 네게 한 일이 아니다. 네가 불행한 이유는 네게 닥친 사건 때문이 아니라 네 **안에** 도사린 죄 때문이다. 모르겠니, 가인아? 너는 피해자가 아니다. 하지만 소망은 있다. 네가 할 수 있는 일이 분명히 있기 때문이다."

동일한 질문과 조언을 하나님은 우리 모두에게 건네신다. 설령 부당한 대우를 받았다 해도 우리를 정말 비참하게 만드는 것은 우리 안의 자기 연민, 분노, 원한, 용서하지 못하는 마음, 교만, 상한 감정이다. 또는 특정한 무언가가 나를 구원해 줄 것이라는 고집이다.

하나님은 우리를 찾아와 회개하라고 도전하신다. 그것이 우리 문제에 대한 유일한 해답이며, 그 안에만 진정한 소망이 있기 때문이다. 죄가 문제라면 하나님과 협력하여 그 죄를 다스릴 수 있지만, 문제가 전적으로 외부에 있다고 믿으면 우리가 할 수 있는 선택의 폭은 크게 좁아진다. 아벨을 문제로 여긴 가인이 바로 그러했다. 그럴 경우 가장 극단적인 수단을 써도 끝내 문제는 해결되지 않는다. 아벨을 죽이고도 가인의 문제는 해결되지 않았다. 그러나 문제가 우리 **안에** 있는 죄라면 해결할 기회가 있다. 당신에게 찾아와 죄를 지적해 주시며 소망을 건네시는 그분의 음성이 들리는가?

가인이 동생을 죽인 뒤에도 하나님은 다시 그에게 오셔서 "네 이우 아벨이 어디 있느냐"라고 물으신다(9절). 정보를 바라시는 게 아니다. 무슨 일이 있었는지 그분은 이미 다 아신다. 그분이 바라시는 것은 오직 회개다. 그래서 가인에게 회개할 기회를 마지막으로 주신다. 가인이 자신의 죄를 보고, 자신의 불행을 아벨과 하나님 등 외부 탓으로 돌리던 것을 그만두고 "제가 불행한 것은 제 죄 때문입니다"라고 고백할 수 있다면, 소망이 있다.

그러나 가인은 참으로 섬뜩하고도 비정한 대답을 내놓는다. 요즘 말로 하자면 "내가 아벨의 베이비시터라도 됩니까?"라고 매섭게 대든 것이다. 이 반응으로 보아 죄가 이미 그를 삼켰음을 분명히 알 수 있다.

하나님은 뭐라고 하시는가? "네 아우의 핏소리가 땅에서부터 내게 호소하느니라"(10절). 인간의 피는 잉크나 물처럼 쉽게 씻어 낼 수 없다. 사람이 살해되면 도처에 증거가 남는데, 이는 다음과 같은 근본적 실재를 보여 준다.

인간이 고귀하며 피조 세계는 선하기에, 하나님은 결코 죄를 묵인하고 넘어가실 수 없다는 사실이다. 우리가 죄를 지어 관계나 평판, 혹은 생명 자체를 파괴할 때 파괴된 피조물의 잔해가 하나님께 호소한다.

하나님은 이러한 파괴의 책임을 반드시 물으신다. 왜일까? 평화와 조화와 사랑의 하나님이시기 때문이다. 그분은 자신이 만든 피조 세계가 온전하기를 바라시기 때문이다. 하나님이 땅에서 들려오는 핏소리를 외면하신다면, 이는 인간을 아무 가치 없는 존재로 취급하시는 것이나 다름없다. 가인이 끝내 회개하지 않자 결국 하나님은 그에게 아벨의 피를 직면하게 하신다.

이런 의문이 들 수 있다. "가인이 **회개했다면** 어떻게 됐을까?" 질문의 방향을 우리에게로 돌려 보자. **우리가** 회개하면 어떻게 될까? 오늘 우리가 마침내 "생각해 보니까 제 문제는 제 죄 때문인 게 **맞습니다**. 제 삶의 가장 큰 문제는 저한테 벌어진 어떤 사건이 아니라 제 **죄입니다**"라고 고백한다면 어떻게 될까? 역시나 하나님은 당신을 피 웅덩이로 데려가실 것이다. 이 피도 호소하기는 하나, 아벨의 피는 아니다. 바로 여기에 소망이 있다.

전심인 사람이 형제의 건성인 태도를 지적하거나 질책하거나 드러냈다가 살해나 박해를 당한 경우가 많은데, 아벨은 그중 제1호에 불과했다. 전심을 다하는 순수한 사람이 등장하면 우리는 그들을 미워한다. 그 사람 때문에 나머지 우리가 나빠 보이기 때문이다. 시험을 잘 쳐서 학급 전체의 점수 분포도를 '망가뜨리는' 우등생이 좋은 예다. 아벨을 필두로 하여 요셉도 형들에게 미움과 핍박을 받았고, 다윗은 사울에게 멸시와 핍박을 받았다. 신앙의 훌륭한 리더인 스데반은 다른 리더들에게 살해됐다.

그러나 궁극적인 아벨은 예수님이다. 그분은 아벨과 **같은** 정도가 아니라 최고의 아벨이시다. 선하신 정도가 아니라 온전하시다. 그분은 **우리 손에** 죽으신 것이 아니라 **우리 죄로 인해** 지원히어 죽으셨다. 히브리서 12장 22-24절에 보면 "너희가 이른 곳은 …… 새 언약의 중보자이신 예수와 및 아벨의 피보다 더 나은 것을 말하는 뿌린 피니라"라고 했다. 모든 인간의 피는 정의를 호소한다. 예수님의 피도 그렇다. 그러나 예수님의 피가 호소하는 방식은 그 누구의 피와도 다르다. 온전하신 그분이 우리 죄로 인해 우리 대신 피 흘려 죽으셨기에, 그분의 피가 하나님께 부르짖는 호소는 모든 인간의 피보다 "더 나은 것을 말하는" 호소다.

우리가 회개하면 하나님은 우리를 예수님의 피 앞으로 데려가시며, 그 피가 호소하는 대로 우리에게 은혜와 자비와 구원의 복을 베푸신다. 예수님의 피는 이렇게 호소한다. "아버지, 죄에는 그에 합당한 대가가 치러져야 하기에 제가 저를 믿는 이들의 죗값을 치렀습니다. 아버지께서 이미 대가를 치른 이들을 다시 벌하신다면 대가를 두 번 받으시는 것이기에 부당합니다!" 반면, 우리가 회개하지 않으면 우리가 피해를 입힌 모든 사람의 피가 우리를 벌하라고 호소한다. 우리가 파괴한 모든 것의 잔해가 "정의의 이름으로 그들을 내치소서!"라고 외친다.

오직 예수님의 피만이 "정의의 이름으로 그들을 구원하소서. 내가 그들을 위해 대가를 치렀으니 그들을 사랑으로 품어 주소서!"라고 호소한다. 하나님의 정의는 예수님이 없으면 우리를 대적하지만, 예수님이 우리와 함께하시면 우리를 **위한다**.

당신은 자신의 죄를 인정하거나 회개한 적이 없을지도 모른다. 가인처럼 당신도 어느 정도 종교적이지만 하나님께 복종하는 데까지 갈 마음은 없을 수도 있다. "나는 종교가 있지만 광신도는 아니다." 당신 입에서 이런 말이 나온 적이 있다면 조심하라! 당신의 내면 깊은 곳을 잘 살피라. 하나님 **아래에** 있기보다 하나님이 **되려는** 욕심이 도사리고 있을 수 있다.

이 중에 당신에게 해당하는 내용이 있다면 하나님의 말씀을 들으라. 당신을 집어삼키려는 맹수를 과소평가하지 말라. 회개하면 하나님은 당신을 예수님의 피 앞으로 데려가시며, 그 피가 당신을 위해 호소할 것이다. 회개하지 않는다면 당신은 스스로 훨씬 비참한 미래를 선택하는 셈이다. 가인처럼 유리방황하며, 왜 삶에 도무지 만족이 없는지 늘 의아해하며 살게 될 것이다.

본문 끝부분을 보면 가인은 자신이 저지른 일 때문에 누군가 반드시 자신을 죽일 거라고 말한다. 사실 그는 죽어 마땅하다. 살인을 저질렀기 때문이다. 그런데 하나님은 어떻게 하시는가? 그분은 그때조차 가인에게 긍휼을 베푸신다. "여호와께서 …… 가인에게 표를 주사 그를 만나는 모든 사람에게서 죽임을 면하게 하시니라"(창세기 4장 15절).

하나님은 당신의 삶이 끝날 때까지 당신을 돌보시며 지키실 것이다. 당신의 죄가 마땅히 받아야 할 결과를 당하지 않게 하신다. 그토록 당신을 아끼고 사랑하신다. 그분께로 가라. 그래야만 예수 그리스도께서 다 이루신 구원의 일을 통해, 당신은 당신을 파괴하려는 죄를 다스릴 수 있다.

회개의 자리로 나아가는 기도

아버지, 주님 앞에 나아가 "회개합니다. 제 잘못입니다"라고

고백할 수 있도록 저를 도와주소서.

죄 가운데 있던 가인에게 찾아오셔서

참으로 온유하게 대해 주셨던 주님,

이 시간 회개하며 주님께 나아가는 저를

따스하게 맞아 주실 줄 믿습니다.

살인을 저지른 가인에게도 그토록 자비로우셨던 주님,

이 시간 죄를 고백하며 엎드리는 제게도

큰 자비를 베풀어 주소서.

그리스도의 피가 은혜로

저를 위해 아버지께 호소함에 감사를 드립니다.

예수님이 저를 위해 이루신 일을 의지하오니

제가 죄에서 놓여 자유하게 하소서.

주님이 제 죄에 삼켜지셨기에,

그 죄가 더 이상 저를 삼킬 수 없습니다.

주님, 저를 위해 희생하신 그 사랑과 자비와 은혜를

제 삶에 받아들이게 하소서.

저를 향한 주님의 사랑을 확신함으로,

문에 엎드려 있는 죄를 능히 정복하고 다스리게 하소서.

예수님의 이름으로 기도합니다. 아멘.

2. 죄는 자기기만이다

초라한 실존을 가리려는
자아의 몸부림

12 사무엘이 사울을 만나려고 아침에 일찍이 일어났더니 어떤 사람이 사무엘에게 말하여 이르되 사울이 갈멜에 이르러 자기를 위하여 기념비를 세우고 발길을 돌려 길갈로 내려갔다 하는지라

13 사무엘이 사울에게 이른즉 사울이 그에게 이르되 원하건대 당신은 여호와께 복을 받으소서 내가 여호와의 명령을 행하였나이다 하니

14 사무엘이 이르되 그러면 내 귀에 들려오는 이 양의 소리와 내게 들리는 소의 소리는 어찌 됨이니이까 하니라

15 사울이 이르되 그것은 무리가 아말렉 사람에게서 끌어온 것인데 백성이 당신의 하나님 여호와께 제사하려 하여 양들과 소들 중에서 가장 좋은 것을 남김이요 그 외의 것은 우리가 진멸하였나이다 하는지라

16 사무엘이 사울에게 이르되 가만히 계시옵소서 간밤에 여호와께서 내게 이르신 것을 왕에게 말하리이다 하니 그가 이르되 말씀하소서

17 사무엘이 이르되 왕이 스스로 작게 여길 그때에 이스라엘 지파의 머리가 되지 아니하셨나이까 여호와께서 왕에게 기름을 부어 이스라엘 왕을 삼으시고 18 또 여호와께서 왕을 길로 보내시며 이르시기를 가서 죄인 아말렉 사람을 진멸하되 다 없어지기까지 치라 하셨거늘 19 어찌하여 왕이 여호와의 목소리를 청종하지 아니하고 탈취하기에만 급하여 여호와께서 악하게 여기시는 일을 행하였나이까

20 사울이 사무엘에게 이르되 나는 실로 여호와의 목소리를 청종하여 여호와께서 보내신 길로 가서 아말렉 왕 아각을 끌어왔고 아말렉 사람들을 진멸하였으나 21 다만 백성이 그 마땅히 멸할 것 중에서 가장 좋은 것으로 길갈에서 당신의 하나님 여호와께 제사하려고 양과 소를 끌어왔나이다 하는지라

22 사무엘이 이르되 여호와께서 번제와 다른 제사를 그의 목소리를 청종하는 것을 좋아하심같이 좋아하시겠나이까 순종이 제사보다 낫고 듣는 것이 숫양의 기름보다 나으니 23 이는 거역하는 것은 점치는 죄와 같고 완고한 것은 사신 우상에게 절하는 죄와 같음이라 왕이 여호와의 말씀을 버렸으므로 여호와께서도 왕을 버려 왕이 되지 못하게 하셨나이다 하니

앞 장에서 살펴봤듯이 죄라는 맹수의 위력이 더 강해지는 것은 우리가 죄를 과소평가하기 때문이다. 이번 장에서는 죄의 위력을 다른 각도에서 살펴볼 것이다. 죄의 이런 측면을 이해하는 게 매우 중요하다. 인간의 마음은 자신을 속이는 무한한 능력이 있다. 진실이 너무 불편해서 똑바로 볼 수 없을 때 특히 더 그렇다.

이 주제로 자료를 조사하다가 1960년대 이후로 철학 학술지마다 엄청난 시간을 할애해 자기기만(self-deception)을 철학 문제로 다루었다는 사실을 발견하고 놀랐다. 그리스도인과 종교인만 자기기만에 대해 말하는 게 아니라 학계에서도 이 주제에 대한 수준 높은 논의가 활발히 이루어지고 있다.

처음에는 의아했다. "도대체 왜 자기기만이 학자들에게 이토록 중요한 개념일까?" 그런데 자료들을 좀 더 읽다가 이유를 알았다. 알코올 중독자를 생각해 보라. 다음 중 어느 쪽이 정말 더 해로울까? 알코올에 중독된 것 자체일까, 아니면 그 사실을 부정하는 것일까? 후자다. 그 사실을 부정하면 온갖 다른 문제가 뒤따르기 때문이다. 자기기만이 인간의 가장 나쁜 행위는 아닐 수 있으나 그로 인해 우리는 다른 여러 끔찍한 일을 저지를 수 있다.

성경에서 이스라엘 초대 왕 사울의 이 이야기보다 자기기만의 비극을 더 잘 보여 주는 예는 없다. 사무엘상 15장 12-23절은 우리에게 자기기만의 실체, 자기기만의 구조, 나아가 자기기만을 치유하는 처방을 말해 준다.

알면서도 모르는 척하는 능력

본문에 제시된 자기기만의 실체를 이해하려면 사울과 선지자 사무엘의 배경을 알아야 한다. 11-12절에 보면 사무엘이 일찍 일어난 이유는 밤잠을 설쳤기 때문이다. 왜 잠을 못 잤을까?

그전에 사무엘은 사울에게 기름을 부어 그를 이스라엘 초대 왕으로 삼았다. 사울의 멘토로서 그를 사랑했다. 사울을 사랑하지 **않기는** 힘들었다. 성경에서 사울을 묘사한 대목을 다 읽어 보면 알겠지만 그는 호방하고 감성이 풍부한 사람이었다. 그 열정 때문에 많은 이들이 그를 사랑했다. 그런데 사울의 삶에서 죄의 습성 하나가 불쑥 고개를 쳐들었다. 본문의 사건도 그 습성이 곪아 터진 것이다.

사무엘상 15장 앞부분에서 하나님은 예언을 통해 사울에게 자신을 계시하시며, 아말렉을 쳐서 그들의 모든 소유를 남기지 말고 진멸하라고 명하신다(3절). 아말렉은 온갖 만행을 저질러 사리사욕을 채운 극악무도한 족속이다.

이스라엘 백성이 애굽(이집트)을 처음 탈출했을 때 아말렉이 그들을 공격한 것을 기억하는가? 이 아말렉 족속은 비열하게도 행렬의 선두에 선 군대도 아니고 행렬 끝자락에서 힘겹게 뒤따라오는 병자와 노인, 임신부와 산모를 공격했다. 따라서 하나님이 사울에게 내리신 명령은 일찍이 모세에게 약속하신 대로(신명기 25장 17-19절) 그들이 저지른 악에 대한 응징이었다. 하나님은 사울을 보내 아말렉과 싸우게 하셨고, 특히 포로나 전리품을 일절 취하지 말라고 지시하셨다. 사울은 그들의 보물이 보이면 버리고, 가축이 보이면 죽여야 했다. 하나님은 사울에게 이 전투에서 아무런 이득도 챙기지 못하게 하셨다.

하나님은 왜 이런 규정을 주셨을까? 사울을 보내신 목적이 제국 건설이 아니라 정의의 수행이었기 때문이다. 아말렉처럼 약탈과 살상을 일삼는 무리가 있다면, 그들을 막아 세우는 것이 정의의 요구다. 그래서 하나님은 사울에게 아말렉의 전철을 밟지 말고 반드시 정의를 행하라고 명하신다. 하나님은 이스라엘이 정의롭게 행동하기를 원하셨다. 진실과 정의의 이름으로 전쟁터에 나갔으나 실상은 전리품으로 사욕을 채우기에만 급급했던 수많은 민족과는 달라야 했기 때문이다.

그래서 사울은 전쟁터에 나갔으며 적을 무찔렀다. 하나님이 이 전투를 도우셨다. 그런데 나중에 사울은 아말렉 왕 아각을 잡아다 살려 두었고, 아말렉의 재산에서 가장 큰 부분을 차지하는 가축도 대부분 그대로 끌고 왔다.

사울은 틀림없이 이렇게 생각했을 것이다. "아각만 빼고는 다 죽였고 양도 상등품만 남기고 다 죽였으니 하나님이 내게 명하신 일의 99퍼센트는 수행한 셈이야. 그 정도면 충분하겠지." 그러나 그는 하나님의 명령에 99퍼센트를 순종한 게 아니다. 하나도 순종하지 않은 것이나 마찬가지다. 적과 싸우던 그는 결국 적인 아말렉과 똑같아졌다. 아말렉이 악을 행해 응징을 받고 있는 와중에 그와 똑같은 악을 행한 것이다.

윌리엄 셰익스피어의 《헨리 5세》(Henry V)를 보면 잉글랜드와 프랑스의 아쟁쿠르 전투를 앞두고 긴 논의가 오간다. 일반 병사는 으레 살상되지만 귀족과 왕과 장교는 대개 생포된다는 내용이다. 물론 후자는 돈이 되므로 대개 속전을 내면 풀려났다.[1] 이 얼마나 불공평한 처사인가? 전쟁은 늘 정의를 부르짖는 척하지만 종국에는 그저 권력과 재물을 얻으려는 경우가 많고, 아니, 어쩌면 대부분이 그러하다.

사울은 하나님이 미워하시는 바로 그 일을 했고, 이번이 처음이 아니라 늘 그랬다. 사무엘에게 주신 하나님의 메시지에서 볼 수 있듯이 사울의 행동에 그런 습성이 있었다. 한밤중에 하나님은 사무엘에게 이제 때가 찼다고 말씀하셨다. 계속 잘못된 방향으로 가던 사울은 결국 그야말로 하나님이 가증하게 여기시는 왕이 되고 말았다. 그분은 사무엘에게 "내가 사울을 왕으로 세운 것을 후회하노니 그가 돌이켜서 나를 따르지 아니하며 내 명령을 행하지 아니하였음이니라"라고 말씀하셨다(사무엘상 15장 11절). 사울을 더는 그분 백성의 왕으로 세우지 않기로 작정하신 것이다.

11절에 이어지듯이 사무엘은 근심에 젖어 밤새 부르짖어 기도했다. 그는 사울을 사랑했다. 아침에 그가 사울을 만나러 가니 사울은 유난히 들떠서는 흥분하며 그를 맞이했다. "원하건대 당신은 여호와께 복을 받으소서 내가 여호와의 명령을 행하였나이다." 누가 봐도 의심을 살 만한 인사였다. 《햄릿》(*Hamlet*)에 등장하는 왕비 거트루드식으로 말하자면 "사울왕이 지나치게 호언장담하는구나"가 될 것이다.

그런데 사울은 거기서 그치지 않고 사무엘에게 사실상 이렇게 말한다. "아주 좋은 날입니다! 주께서 우리와 함께하여 승리의 복을 주셨으니 말입니다. 우리가 다른 나라를 이기기는 이번이 처음이니 얼마나 위대한 날로 남겠습니까. 그래서 내가 사상 최고의 축하 예배를 준비했습니다. 제물도 다 준비해 놓았으니 **당신이** 설교를 맡아 주십시오."

황당하지 않은가? 사울의 태도는 자기기만의 위력을 여지없이 보여 준다. 그 적나라한 실체는 이러하다. 사울은 모르는 척했지만 사실은 알고 있었다. 자기기만은 진실을 알면서도 **모르는** 척하는 능력이다. 알고 싶지 않기 때문이다. 자기기만은 뻔히 아는 잘못을 합리화하고 정당화하는 성향이다. 자신을 속일 때 우리는 늘 진실을 보면서도 너무 고통스러워 받아들이지 못한다. 너무 뜨거워 손에 들지 못한다. 우리가 부정하는 게 무엇이든 그것이 진실임을 우리는 잘 안다. 안다는 증거가 명백한데도 온갖 현란한 기술로 그 지식을 억누른다. 그런 기술을 잠시 후에 살펴볼 것이다. 사울도 자신이 해야 할 일을 하지 않았음을 알았다. 그런데도 그 일을 했다고 애써 자신을 다그쳤다.

진실을 억누르는 세 가지 기술

우리는 다양한 환경에서 다양한 방식으로 자신을 속인다. 그중에는 사소하고 우스운 것도 있지만 아찔하고 심각한 것도 있다. 전자의 예로 내가 고백할 것이 있다. 나는 자동차에 문제가 생겨도 여간해서는 믿지 않는다. 아내 캐시와 함께 차를 몰고 가노라면 캐시가 "저 소리 들려요? 차에 문제가 있어요. 정비소에 가는 게 좋겠어요"라고 말할 때가 있다. 우리는 차가 한 대뿐이라서 차를 정비소에 맡기면 굉장히 불편하다. 돈도 들고 시간도 들지만 무엇보다 일단 아무 데도 다닐 수가 없다. 그래서 나는 어떻게 반응할까?

대개는 이렇게 말한다. "여보, 당신은 너무 비관적이에요. 차 소리가 다 거기서 거기지. 차에 대해서는 내가 더

잘 알아요. 당신은 차를 고쳐 본 적이 없잖아요." 그러면서
라디오 볼륨을 높인다. 그게 바로 차에 문제가 있음을 내
가 안다는 증거다. 알면서도 **외면하려고** 라디오 볼륨을 높
이는 것이다. 심지어 나는 이런 식으로 쐐기를 박는다. "반
쯤 찬 물 잔을 보더라도 당신은 반밖에 없다고 보는 사람이
고 나는 반이나 된다고 보는 사람이니까요." 그리고 태연
하게 운전을 계속한다.

이 이야기는 우리에게 자기기만의 재주가 있음을 보
여 주는 조금 우스운 사례지만, 더 심각한 경우도 많다. 아
들을 둔 한 아버지가 있다. 그의 귀여운 아들 조니가 때와
장소를 바꿔 가며 네 번이나 돈을 훔쳤다고 다른 집 아이
들이 항의한 지 2년이 지났다. 그때마다 아버지는 현장으
로 달려가 그 아이들 부모에게 조니가 운동을 제일 잘하니
까 아이들이 질투해서 그러는 거라고 말한다. 아들의 도벽
은 엄연한 진실인데도 아버지는 그 사실이 너무 고통스러
워 진실을 받아들이지 못한다. 그러면서도 자신의 지갑은
신경 써서 단속하고 있다는 것이 그가 진실을 안다는 증거
다. 그럼에도 불구하고 그는 애써 진실을 억누른다.

이번에는 비교적 종교적인 가정에서 자란 재능 있는
뮤지션 이야기다. 뉴욕으로 이주해 록 음악계에 들어선
그녀는 신도 **존재하고** 옳고 그름의 절대 도덕도 **존재한다
는** 것을 마음 깊이 안다. 이를 안다는 증거도 가득하다. 예
를 들어 그녀는 인종 차별이 객관적으로 잘못된 일이라고

말한다. 이는 모든 사람에게 적용되는 절대 도덕, 창조주가 정해 놓았을 게 분명한 절대 기준을 믿고 있다는 방증이다. 그런데 그 사실을 인정하자니 괴롭다. 어떻게든 사람들에게 받아들여지고 싶고, 멋있어 보이고 싶고, 원하는 연주 일을 따내고 싶고, 좋은 인맥을 쌓고 싶기 때문이다. 자신과 동침하려는 남자 친구를 잃고 싶지 않은 것은 물론이다.

그래서 그녀는 자신이 참이라고 믿는 진실을 숨긴다. 누군가 하나님을 믿는 신앙을 거론할 때마다 그녀는 그 사람과 자신에게 "어, 내가 아는 기독교인은 대부분 위선자던데?"라고 되받는다.

마지막 예는 이것이다. 제2차 세계대전 막바지, 연합군이 독일 본토 안으로 한창 진입하고 있을 때였다. 아이젠하워 장군은 상상조차 할 수 없는 참혹한 만행이 자행된 수용소의 인근 마을을 방문할 때마다 주민들과 현지 관리들이 자기네는 전혀 모르는 일이라고 잡아떼는 데 질려 버렸다.[2] 참다못한 그는 어느 소읍에서 이런 명령을 내렸다. 남녀노소 모든 주민을 강제로 수용소에 들여보내 시신들을 직접 매장하게 한 것이다.

주민들은 명령을 수행하고 집으로 돌아갔고, 그날 밤 그 마을 읍장 부부는 스스로 목을 매 생을 마감했다. 왜 그랬을까? 진실을 알고 있었기 때문이다. 처음부터 알면서도 애써 직시하지 않으려 했던 그 진실을 더는 숨길 수 없게 된 것이다.

우리 인간은 자신을 속이는 무한한 재주가 있다. 진실이 달갑지 않으면 **모른** 척할 방법을 어떻게든 찾아낸다. 우리가 알면서도 진실을 억누를 때 쓰는 기술에는 적어도 세 가지가 있는데, 사무엘상 본문에 보면 사울도 이 셋을 모두 동원한다.

1、남 탓으로 돌린다

사무엘이 "내 귀에 들려오는 이 양의 소리는 어찌 됨이니이까"라고 묻자 사울은 "무리가 아말렉 사람에게서 끌어온 것"이라고 답한다(사무엘상 15장 14-15절). 참으로 입이 다물어지지 않는다. 사울에게 책임자가 누구냐고 되묻고 싶을 정도다. 분명히 그는 자신의 잘못을 남 탓으로 돌리고 있다. 이것이 자기기만의 첫 번째 기술이다.

내가 차 안에서 캐시를 비관주의자라고 몰아붙일 때 쓴 수법이 바로 이것이다. 비교적 가벼운 책임 전가일지 몰라도 남 탓을 하기는 마찬가지다. 책임 전가가 편해지면 변명도 덩달아 걷잡을 수 없이 자꾸 커진다. 도둑질하는 아이의 아버지는 다른 아이들이 시기해서 그런 거라고 우기고, 록 뮤지션은 기독교인들이 죄다 위선자라고 비난한다. 이 모든 사례에서 잘못은 늘 타인에게 있고, 정작 본인의 죄는 슬쩍 간과된다.

그렇다고 기독교인 중에 위선자가 **없다는** 뜻일까? 물론 아니다. 하지만 돌팔이 의사가 있다 해서 의학 자체가 틀렸다고 말할 수는 없다. 그 점에 이의를 제기할 사람은 아무도 없다. 요점은 이것이다. 우리는 진실을 마주하지 않으려고 남을 탓할 때조차, 철저히 내 잘못을 가리기에 유리한 것들만 골라 비난한다.

방식은 여러 가지다. 예를 들어 내가 아는 어떤 이들은 불완전한 인간에게 평생 헌신하는 게 죽기보다 두려워 결혼을 꺼린다. 그런데 정작 그러한 자신을 겁쟁이로 볼 마음은 없나. 그래서 관계기 진지해지려 할 때마다 상대의 흠을 찾아내 그것을 빌미로 헤어진다. 약혼까지 간 게 열 번이면, 열 번 다 자신 쪽에서 파혼했다는 사실을 본인도 너무나 잘 안다. 그런데도 "왜 나한테는 매번 진짜 루저만 걸리지?"라고 생각한다. 사울처럼 남 탓으로 돌리는 것은 자기기만의 흔한 기술이다.

2、내가 잘한 부분에만 몰두한다

두 번째 방법은 사무엘에게 사울이 "여호와께 제사하려" 가축을 남겼다고 말한 것처럼(15절) 우리도 자신에게 똑같은 논리를 펴는 것이다. 사울은 "이건 내가 잘못한 게 맞지만, 잘하고 있는 부분도 두루 보십시오"라고 대응한 셈이다. 이 기술도 꽹장히 흔하다.

자신이 하나님의 지시를 어겼다는 진실을 외면하려고 사울은 무언가 선을 행해서 만회하겠다는 개념을 늘어놓는다. "악을 악으로 갚는다고 해서 선이 되지는 않는다"는 말을 우리도 다 들어 봤다. 하지만 여기서 사울이 쓴 수법은 "선행이 쌓이고 쌓이면 내가 계속 저지르는 악행도 상쇄된다"는 논리로 요약할 수 있다. 마치 사울이 사무엘에게 "내가 양을 남긴 것은 사실이지만 다 기부할 거라니까요"라고 말하는 것 같다. 이런 태도는 역사 속에도 즐비하다. 가령 남을 착취해서 돈을 벌어 놓고는 이렇게 혼잣말하는 사람들이 있다. "내가 이래저래 순종하지 않았다 해도, 중요한 것은 내가 희생해서 선행을 한다는 사실이야. 난 주님을 위해 건축 헌금을 하잖아." 이런 사람들의 헌금으로 지어진 웅장한 교회 건물이 얼마나 많은지 아는가?

우리 가운데 많은 사람이 이런 식으로 자신을 속이며 산다. 자신이 선한 사람이라는 증거를 어떻게든 찾아내 그 부분에만 몰두한다. 우리는 어머니에게 효도하는 자녀일 수 있다. 자선 단체에 기부할 수도 있다. 그러면서 마음 한 구석에 있는 죄 대신 그런 선행을 생각해야 한다고 스스로를 다독인다. 어떤 이들은 이렇게 말할지도 모른다. "물론 내가 잘못하는 것도 있지만 나는 성경 공부 리더고 교회 봉사도 열심히 하잖아. 좋은 일도 많이 한다고."

하지만 당신이 누구든, 무엇을 하든, 어떤 자리에 있든 그것이 당신의 죄를 변명해 주거나 씻어 주지는 못한다. 사울은 이스라엘 왕이었으나 그 지위는 아무런 도움이 되지 않았다. 오히려 상황을 더 악화시켰을 뿐이다.

이런 행동의 한 예로, 20세기의 선교사이자 작가인 엘리자베스 엘리엇이 들려준 그녀의 어린 시절 일화가 있다. 어머니는 엘리자베스의 남동생 토미에게 주방 조리대 아래에 있는 종이봉투를 모두 꺼내서 놀아도 되지만, 놀고 나서는 반드시 제자리에 넣어 두라고 일렀다. 마음대로 꺼내서 가지고 놀 수는 있지만 주방을 나가기 전에는 꼭 치워야 한다는 조건이었다(이 토미가 자라서 훗날 명망 높은 신학자 토머스 하워드가 된다).

어느 날, 토미가 봉투를 잔뜩 늘어놓고는 치우지 않은 채 아버지가 피아노 치는 소리를 들으러 주방을 떠났다. 어질러진 주방 상황을 본 어머니는 어서 와서 봉투를 치우라고 토미를 불렀다. 그러자 토미는 작은 소리로 대답했다. "하지만 전 지금 〈예수 사랑하심은〉(Jesus Loves Me) 노래를 부르고 싶은데요."

그때 그의 아버지는 이렇게 말했다. "엄마 말을 안 들으면서 하나님을 찬송하는 건 아무 소용이 없단다. 순종이 제사보다 낫기 때문이지."[3] 하나님이 하라고 하신 일에 실제로 순종하지 않으면서 드리는 번제와 헌금, 빈민 구제를 과연 주님이 기뻐하실까? 우리는 선행으로 불순종을 상쇄하면 된다는 논리로 자신을 속이려 한다.

3 、내 죄를 축소한다

자기기만의 세 번째 방법은 자신의 잘못을 보고도 축소하는 것이다. 자기가 한 일이 사소해 보이게 머릿속에서 왜곡하는 것이다. 본문의 20절에서 사울은 "나는 실로 여호와의 목소리를 청종하여 여호와께서 보내신 길로 가서 아말렉 왕 아각을 끌어왔고 아말렉 사람들을 진멸하였으나"라고 말한다. 그가 사실을 어떻게 왜곡하는지 보라. 자신이 그들을 진멸하는 등 이것저것을 **했다는** 것이다. 자신이 잘못한 일 때문에 하나님이 원하시는 일도 했다는 사실이 축소되어서는 안 된다는 논리다.

그러나 사무엘이 지적했듯이 사울은 하나님이 명하신 일을 온전히 행하지 **않았다**. 왕을 살려 두었고 약탈품도 다 없애지는 않았다. 다시 말해서 그는 아말렉 족속에게 정의를 온전히 수행하지 않았다.

사울이 속으로 했을 독백이 쉽게 상상이 된다. 우리에게도 이미 익숙한 논리다. "글쎄, 나는 **사실상** 온전히 해냈어. 지시받은 대로 다 했고, 심지어 거기에 뭔가를 더 보태기까지 했어. 내가 잘못한 건 아주 사소한 부분이라 '온전히'라는 말을 못 쓸 이유가 없어. 나는 그저 조금 보탰을 뿐이야."

그 밖에도 우리가 죄를 축소하는 방식은 여러 가지다. 흔히 우리는 훨씬 심해 보이는 다른 사람의 행동과 비교하여 자신의 죄를 축소한다. 보다시피 사울은 자신의 행동을 변명하던 도중에 백성의 행동이 더 나빠 보이게 말한다. "나는 …… 아말렉 왕 아각을 끌어왔고 아말렉 사람들을 진멸하였으나 다만 백성이 그 마땅히 멸할 것 중에서 …… 양과 소를 끌어왔나이다"(20-21절). 자신은 왕 하나만 남겼지만 백성은 수많은 양과 소를 남겼다는 것이다.

우리도 다 사울처럼 한다. 자신에게는 물론이고 종종 사람들에게도 이렇게 말한다. "내가 잘못했을 수는 있지만 그렇게 큰 잘못은 아니야. 남들이 어떻게 하는지 보라고." 탈세하는 자영업자는 이렇게 생각할 수 있다. "적어도 나는 온갖 사기죄로 걸린 〈포춘〉(Fortune)지 선정 500대 기업 CEO 가운데 하나와는 달라. 그들에 비하면 내 탈세액은 새 발의 피잖아."

그러면 횡령한 CEO는 어떻게 생각할까? "그래 봐야 돈이잖아. 나는 마피아 살인 청부업자처럼 사람을 죽이지는 않아." 살인 청부업자는? "최소한 나는 히틀러하고는 달라. 꼭 죽어야 할 사람만 죽인다고." 틀림없이 히틀러도 똑같이 생각했을 것이다. 이 세상에 변명 거리가 없는 사람은 없다.

우리가 자신을 속이는 이유

진실을 억누르는 가장 보편적인 방법 가운데 세 가지는 이렇듯 남 탓으로 돌리고, 자신이 잘한 부분에만 몰두하고, 자신의 죄를 축소하는 것이다. 이런 기술들을 쓰고 있음을 정직하게 인정하지 않고서는 자기기만에서 벗어날 수 없다.

그런데 우리가 드러내야 할 것이 하나 더 있다. 사무엘이 사울에게 보인 반응을 보면 이러한 기술들 배후에서 작동하는 근본적인 역동이 드러난다. 자기기만에서 벗어나려면 그 역동을 포착하는 것이 무엇보다 중요하다.

우리는 **모든** 진실이 아닌 고통스러운 진실에 대해서만 자신을 속인다. 여기서 생겨나는 의문이 있다. **왜** 어떤 진실은 심리적으로 그토록 고통스러울까? 아버지는 왜 아들의 도벽을 인정하지 못할까? 알코올 중독자는 왜 자신의 과음을 인정하지 못할까? 자영업자는 왜 자신의 달세를 인정하지 못할까?

17절을 보면 사무엘이 그 이유를 밝힌다. "왕이 스스로 작게 여길 그때에 이스라엘 지파의 머리가 되지 아니하셨나이까 여호와께서 왕에게 기름을 부어 이스라엘 왕을 삼으시고." 배후의 역동이 보이는가? 사울은 작은 자였는데 주님이 그를 높여 주셨다. 그런데 왜 스스로 높아지려 하느냐고 사무엘이 사울에게 묻는 것이다. 12절을 다시 보면 사무엘이 사울을 만나러 가는 길에 전해 들은 말이 있다. 사울이 자기를 위하여 기념비를 세웠다는 것이다. 아각을 생포한 것과 더불어 여기서도 사울의 숨은 진짜 동기가 드러난다.

당시에 적을 무찌른 사람은 적국의 왕을 죽이지 않았

다. 자신이 왕들의 왕이 되려고 그를 살려 두었다. 황제가 되려 한 것이다. 사울도 간절히 황제의 반열에 오르고 싶었다. 달랑 이스라엘의 왕으로만은 만족할 수 없었다. 다른 왕들이 보고 추앙하고 두려워하는 그런 왕이 되고 싶었다. 그러니 전투에서 한 족속을 마침내 무찌른 지금, 더 높아지고 더 부강해지고 더 유명해질 기회를 어떻게 차마 놓칠 수 있겠느냐고 그는 생각한 것이다. 드디어 일이 자기 뜻대로 풀리고 있는데 말이다.

사울은 모든 것을 주님을 위해 했다고 말하지만 사무엘의 직언을 통해 그의 본색이 드러난다. 하나님이 은혜로 이미 사울을 높여 주셨고 앞으로 더 높여 주실 텐데도 그는 여전히 자신이 작다고 생각했다. 그래서 하나님의 은혜를 저버리고 스스로 높아지려 했다. 하나님만이 주실 수 있는 것을 세상에서 얻으려 한 것이다. 그 결과 그는 어떤 진실만은 도저히 인정할 수 없었다.

우리의 모든 문제가 여기서 비롯된다. 우리는 죄인이다. 자신이 작고 하찮은 존재임을 마음 깊이 안다. 바로 이 사실이 우리가 자신을 속이는 근본적 이유다. 우리는 무슨 수를 써서라도 나 자신이 작고 부족하며 흠 많은 죄인이라는 진실을 숨긴다. 진실이 하나라도 등장해 우리 죄를 들추어내면 도저히 그것을 소화할 수 없다. 그래서 스스로 높아지는 것 말고는 대안이 없다고 느껴진다.

그 아버지가 아들의 도벽을 차마 직시할 수 없는 이유

는 좋은 아버지라는 자아상만이 자신의 유일한 구원이기 때문이다. 그래야만 "나는 작지 않다. 이 광활한 우주에 있으나 마나 한 존재가 아니다. 나는 좋은 아버지다"라고 말할 수 있다. 그렇게 생각하지 않고는 그는 살아갈 수 없다. 그래서 거기에 어긋나는 것이라면 무엇이든 억눌러야 했다. 우리도 다 마찬가지다.

사무엘은 사울에게 와서 "당신의 거역이 곧 우상 숭배라는 것을 아십니까?"라고 묻는다. 아마 사울은 혼잣말로 온갖 합리화를 늘어놓았을 것이다. "나는 여호와께서 시키시는 대로 했습니다. 우상 숭배자나 점쟁이와는 다르단 말입니다." 하지만 23절에서 사무엘이 하는 말은 무엇인가? "거역하는 것은 점치는 죄와 같고 완고한 것은 사신(邪神) 우상에게 절하는 죄와 같음이라."

사울의 우상은 세상의 평판과 권력이다. 앞서 이야기한 그 아버지의 우상은 완벽한 아버지라는 자아상이다. 그록 뮤지션의 우상은 음악계 동료들에게 받아들여지는 것이다. 우리도 다 각자의 우상에게 가서 "나를 높여 주소서"라고 빈다. 자신이 작은 존재임을 마음 깊이 알기 때문이다. 하지만 사무엘의 말이 들리지 않는가? 우리의 노력으로는 결코 참으로 높아질 수 없다. 세상에서 얻는 그 무엇으로도 안 된다.

오직 하나님의 은혜로만 우리는 작은 존재 그 이상이 될 수 있으며, 이것이 마지막 질문으로 이어진다. 어떤 의미에서 우리는 이 질문에 이미 답했다.

어떻게 치유될 것인가?

진실을 감당하게 하는 은혜

첫째, 자기기만을 치유하려면 사무엘이 사울에게 말한 첫마디처럼 해야 한다. 사무엘은 양의 소리를 지적했다. 자기기만의 증거를 찾아낸 것이다.

우리도 자기 삶에서 증거를 찾아야 하는데, 앞서 말했듯이 대다수 사람은 스스로의 힘으로는 이 증거를 보지 못한다. 그래서 평소 주변에 믿을 만한 사람들을 두는 게 아주 중요하다. 곁에 있는 그들이 우리를 더 정확히 볼 수 있다. 그런데 많은 사람이 여기에 저항한다. 어떤 이들은 시련을 혼자서 헤쳐 나가야 한다고 믿는다. 자신에게 정말 문제가 있는데도 아무에게도 말할 수 없다는 것이다. 그들은 문제를 스스로 처리할 수 있다고 믿거나, 약한 모습을 내보이며 건설적 피드백에 마음을 연다는 개념이 너무 버거운 짐이라고 생각한다. 그래서 교회 소그룹에 들어가거나 상담을 받거나 친구에게라도 털어놓을 마음이 없다.

이런 사람은 자기기만의 위력을 과소평가하는 부류다. 자기기만은 말 그대로 자기를 속이는 것이니까 자기 이외의 사람에게 가장 잘 보이지 않겠는가? 누구와도 속내를 나누고 싶지 않거나, 타인에게 삶을 내보이고 조언을 듣는 일이 꺼려진다면 주의하라. 그것이야말로 자기기만의 확실한 징후일 수 있다.

증거를 찾으라. 당신은 으레 자신만은 예외라고 생각하는가? 항상 이런 식으로 변명하는가? "용서해야 된다는 거야 알지만 저쪽에서 먼저 도발했잖아." "물론 성경에 순종해야겠지만 이 본문이 정말 그런 뜻인지 의문을 제기하는 사람도 많거든." 앞서 말한 기만술 가운데 어느 것 하나라도 동원하고 있는가? 그렇다면 자신의 그 행동을 정직하게 직시하고, 늘 그것을 경계하라.

둘째, 이 사실을 기억하라. 당신이 자기기만에 쉽게 빠진다면 이는 불편한 진실을 보지 않으려 한다는 뜻이다. 자기를 속이는 사람은 속으로 진실을 알면서도 그 진실에 함축된 의미를 들여다보지 않으려 한다. 다시 말해서 마음 깊이 아는 사실이 있으나 그 의미를 생각하기는 싫다. 거기에 함축되어 있을 의미가 두려워, 그것이 무엇인지 알아보기도 전에 억누르는 것이다.

자기기만의 핵심은 세상에서 가장 중대한 진실을 외면하는 데 있다. 그것 바로 하나님이 계신다면 당신이 전적으로 그분의 소유이며 온전히 그분께 순종해야 한다는 사실이다. 반면, 하나님이 계시지 않는다면 당신의 삶은 무의미하며, 그 무엇도 진정으로 옳다거나 그르다고 말할 수 없게 된다. 뭐가 뭔지 아무도 모를 수밖에 없는 것이다.

물론 우리는 후자가 사실이기를 원치 않는다. 하지만 전자도 사실이 아니기를 바라는 이들이 우리 가운데 많다. 하나님이 계신다면 그분께 완전히 복종해야 한다는 뜻이기 때문이다. "인생은 내가 원하는 대로 사는 거야. 그래도 꼭 헌금함에 돈은 좀 넣어야지"라는 식의 말은 불가능해진다. 우리를 지으신 그분께 온전히 순종하거나 무의미하게 살거나 둘 중 하나지 중간은 없다. 자기기만을 치유하고 싶다면 이 진실에 내포된 의미를 **반드시** 생각해 봐야 한다. 아무리 벅차 보여도 억지로라도 그래야 한다. 하나님께 자신을 드린다는 것의 의미와 하나님이 우리를 원하신다는 개념을 살펴봐야 한다.

하나님이 원하신 것은 '사울의 소나 양'이 아니라 '사울'이다. 마찬가지로 그분은 우리를 원하신다. 그런데 우리는 자신을 움켜쥐고 있을 때가 너무 많다. 언제 순종할지 결정할 권한을 우리가 쥔다면, 이는 하나님께 "죄송하지만 저를 가지실 수 없습니다"라고 말하는 것이나 같다. 자신을 드린다는 것은 "제가 순종하겠나이다"라고 조건 없이 아뢰는 것이다. "명하신 일 가운데 제가 불순종한 것은 이것 하나뿐입니다", "이 정도야 큰일도 아닌데요", "훨씬 나쁜 사람들도 있잖아요"라는 말은 전혀 통하지 않는다. 백만 번 중에 백만 번을 불순종하든 딱 한 번만 불순종하든 그것은 중요하지 않다. 하나님께 자신의 전부를 드리지 않았기는 마찬가지다. 그분은 정말 우리를 원하신다.

우리의 전부를 원하신다.

끝으로, 은혜에 눈떠야 한다. 오랜 세월 내가 자기기만에 빠진 많은 사람을 도우면서 도달한 결론이 있다. 우리는 하나같이 자신이 죄인임을 마음으로 알면서도 그 사실을 애써 외면한다. 그러므로 하나님의 은혜를 깨닫지 않고서는 그 누구도 자기기만에서 헤어날 수 **없다**. 은혜가 없이는 불가능하다. 하나님의 은혜는 그분이 우리를 높여 주실 거라고 말한다. 사울은 그 말을 듣고 그게 어떻게 가능할지 의아했을 수 있고, 믿지 못해서 불순종했다. 그러나 그가 몰랐던 것을 우리는 안다. 그것이 히브리서 10장 5-7절(새번역)에 이렇게 기록되어 있다.

그러므로 그리스도께서 세상에 오실 때에, 하나님께 이렇게 말씀하셨습니다. "주님은 제사와 예물을 원하지 않으셨습니다. 그래서 나에게 입히실 몸을 마련하셨습니다. 주님은 번제와 속죄제를 기뻐하지 않으셨습니다. 그래서 내가 말하였습니다. '보십시오, 하나님! 나를 두고 성경에 기록되어 있는 대로 나는 주님의 뜻을 행하러 왔습니다.'"

히브리서 기자의 말은 "이 뜻을 따라 예수 그리스도께서 자기 몸을 단번에 드리심으로써 우리는 거룩하게 되었습니다"라고 이어진다(10절, 새번역). 이 진리를 온전히 깨달아야 한다. 그렇지 않으면 우리는 끊임없이 자신을 속일 것이다. 높으신 예수님이 작아지신 것은 지극히 작은 우리를 높여 주시기 위해서다. 하나님은 왜 우리같이 연약하고 비겁한 죄인을 취하여 요한계시록 5장 10절 말씀처럼 왕과 제사장으로 삼아 기름을 부으실까?

사울은 이를 이해하기 힘들었겠지만 우리는 달라야 한다. 예수 그리스도께서 죽으실 때 흠 없는 제물로서 온전히 순종하셨다는 사실을 우리는 알기 때문이다. 하나님은 예수님이 사신 삶을 기뻐하셨다. 그리고 그리스도와 그분의 속죄를 믿을 때 우리 역시 그와 같은 기쁨에 참여하게 된다. 이제 하나님이 우리를 기뻐하시는 것이다.

우리가 실패한 지점에서 예수님이 우리를 대신해 승리하셨음을 안다면, 하나님이 우리를 위해 베푸신 은혜, 즉 우리를 소유하시고 또 우리를 기뻐하시는 것 외에는 아무것도 바라지 않으신다는 그 은혜를 우리가 붙잡는다면 우리는 우리 자신에 대한 진실을 온전히 감당할 수 있다. 아들의 도벽을 감당할 수 있고, 록 음악 전문가 중 일부 사람들에게 거부당해도 감당할 수 있으며, 때로 비겁하거나 다른 사람을 탓하거나 자기 죄를 축소하는 실망스러운 우리 자신도 감당할 수 있다. 결국 모든 것을 감당할 수 있다.

하나님의 은혜는 우리를 해방한다. 이 진리 안에 머물면, 이 진리가 '내 행위로 나를 위대한 존재도 만들려던 모든 시도'로부터 우리를 자유롭게 해 준다. 이미 우리는 왕이요, 제사장이다. 하나님이 번제와 다른 제사를, 그분의 목소리에 순종하는 것만큼이나 기뻐하시겠는가? 예수님이 완벽하게 순종하셨기에 하나님은 이제 당신을 마음껏 기뻐하실 수 있다.

자기기만을 버리는 기도

아버지, 제 모든 가면들을 벗고

자기방어를 뚫고 나갈 힘을 주소서.

제가 어떤 식으로 저 자신을 속이고 있는지 보게 하소서.

이것이 단지 제가 저를 속이는 기술을 아는 차원이 아니라,

주님의 은혜를 받아들이는 더 중대한 문제임을 알았습니다.

제가 그 은혜를 거부하지 않게 도와주소서.

더는 스스로 높아지려 안달복달하지 않게 하소서.

저 역시 사울처럼 전적인 주님의 자비를 입어

왕과 제사장으로 기름 부음을 받은 자입니다.

사울은 이 진리를 알고도 변하지 않았지만,

저는 그러지 않기를 원합니다.

이 진리로 저를 자유롭게 하소서.

예수님의 이름으로 기도합니다. 아멘.

3. 죄는 누룩이다

sin as leaven

인생의 단맛을 앗아 가는
강력한 침투

마가복음 8장 11-17절

11 바리새인들이 나와서 예수를 힐난하며 그를 시험하여 하늘로부터 오는 표적을 구하거늘 12 예수께서 마음속으로 깊이 탄식하시며 이르시되 어찌하여 이 세대가 표적을 구하느냐 내가 진실로 너희에게 이르노니 이 세대에 표적을 주지 아니하리라 하시고 13 그들을 떠나 다시 배에 올라 건너편으로 가시니라

14 제자들이 떡 가져오기를 잊었으매 배에 떡 한 개밖에 그들에게 없더라 15 예수께서 경고하여 이르시되 삼가 바리새인들의 누룩과 헤롯의 누룩을 주의하라 하시니

16 제자들이 서로 수군거리기를 이는 우리에게 떡이 없음이로다 하거늘

17 예수께서 아시고 이르시되 너희가 어찌 떡이 없음으로 수군거리느냐 아직도 알지 못하며 깨닫지 못하느냐 너희 마음이 둔하냐

마가복음 7장 25-30절

25 이에 더러운 귀신 들린 어린 딸을 둔 한 여자가 예수의 소문을 듣고 곧 와서 그 발아래에 엎드리니 26 그 여자는 헬라인이요 수로보니게 족속이라 자기 딸에게서 귀신 쫓아내 주시기를 간구하거늘

27 예수께서 이르시되 자녀로 먼저 배불리 먹게 할지니 자녀의 떡을 취하여 개들에게 던짐이 마땅치 아니하니라

28 여자가 대답하여 이르되 주여 옳소이다마는 상 아래 개들도 아이들이 먹던 부스러기를 먹나이다

29 예수께서 이르시되 이 말을 하였으니 돌아가라 귀신이 네 딸에게서 나갔느니라 하시매

30 여자가 집에 돌아가 본즉 아이가 침상에 누웠고 귀신이 나갔더라

내가 제일 좋아하는 시 가운데 하나는 17세기 시인 조지 허버트가 쓴 〈사랑 Ⅲ〉(Love Ⅲ)이라는 시다. 오래전 이 시를 공부할 때 내 마음에 깊이 와닿았던 것은 허버트 시대의 여관 주인이 일하던 방식이었다.

더위에 지치고 허기진 길손이 여관에 들르면 먼저 주인은 무엇이 필요한지부터 물었다. 허버트의 시에서는 예수님이 한없이 자애로운 여관 주인으로 묘사되고, 죄의식에 젖은 한 영혼이 황송한 마음으로 그분께 나아온다. 시의 1연은 다음과 같다.

사랑이 나를 반겼으나 내 영혼은
죄로 꾀죄죄해 물러났네.
눈이 밝은 사랑은 처음 들어설 때
주춤하던 나를 보고
가까이 다가와 필요한 게 있는지
다정히 물었네.[1]

이어지는 대화에서 영혼은 자신이 이곳에 묵을 자격이 없다며 부끄러워 떠나려 한다. 여관 주인인 예수님이 결국 "죗값을 누가 치렀는가?"라고 물으며 그에게 앉아서 먹으라고 이르신다. 그제야 영혼은 앉아서 허기진 배를 채운다.

이번 장에서 살펴볼 마가복음 본문은 이 시에서처럼 식사 자리를 다룬다. 마가복음 7장과 8장에 나오는 이 두 기록에는 예수님을 찾아온 두 부류의 구도자가 등장한다. 두 번 다 그분은 빵(개역개정은 "떡"으로 옮겼다-편집자)을 소재로 말씀하신다. 차차 보겠지만 각각의 등장인물들이 보이는 태도는 양쪽이 판이하다. 그 차이점과 예수님의 반응이 우리에게 죄에 대해 중요한 사실을 가르쳐 준다.

특히 8장에서 예수님은 죄가 우리에게 미치는 영향을 독특한 비유로 생생하게 보여 주신다. 바로 죄를 누룩 혹은 효모에 빗대신 것이다. 오래된 역본은 대개 "누룩"(leaven)으로, 현대어 역본은 "효모"(yeast)로 번역했지만 어떤 단어를 쓰든 비유의 본질은 똑같다. "바리새인들의 누룩 …… 을 주의하라"(마가복음 8장 15절)는 예수님의 엄중한 경고다.

예수님은 왜 죄를 누룩이라 칭하셨을까? 이 비유가 주는 교훈은 무엇이며, 우리는 어떻게 그 영향을 조심해야 할까? 논의에 앞서 한 가지 명심할 점이 있다. 누룩은 쓸모가 많지만 죄는 이로울 게 아무것도 없다. 모든 비유는 결국 한계가 있다. 다만 고대인이 분명히 알았던 누룩의 속성은, 밀가루 반죽에 누룩을 조금이라도 넣으면 반죽 전체로 누룩이 퍼진다는 점이다. 부풀어 오른 반죽을 바로 구우면 맛있는 빵이 나온다. 그런데 그들이 알았던 속성이 하나 더 있었으니, 바로 누룩을 넣은 반죽을 오래 둘수록 맛이 시어진다는 사실이다. 너무 오래 두면 누룩이 단맛을 다 빨아들여 먹지 못하는 빵이 되어 버린다.

오늘날 우리는 누룩이 살아 있는 존재라는 사실을 안다. 누룩은 반죽 속의 당분을 먹고 알코올과 이산화탄소로 분해하는 미생물이다. 알코올은 증발하지만 이산화탄소는 남아 빵을 부풀린다. 하지만 누룩이 활동할 시간을 너무 오래 주면, 반죽 속의 당분을 **전부** 빨아들여 소진시킨다. 결국 반죽이 변질되어 본연의 빵 맛을 망치고 만다.

예수님 당시의 청중은 이 사실을 잘 알고 있었다. 누룩이 눈에 보이지 않게 은밀히 작용하고, 순식간에 퍼지며, 빵의 단맛을 빨아들인다는 속성을 익히 알았던 것이다. 누룩의 이런 특성을 이해했기에 예수님이 말씀하시려는 핵심도 곧바로 알아차릴 수 있었다. 바로, 죄가 우리 안에서 일하는 방식도 누룩이 빵 속에서 일하는 방식과 똑같다는 것이다.

내면에서 은밀하게 일하는 죄의 정신

죄는 보이지 않게 내면에 은밀하게 숨어 있다. 두 사람이 밀가루를 반죽하는데 하나는 누룩을 넣고 하나는 넣지 않는다 해 보자. 반죽의 겉만 봐서는 이 둘을 구분할 수 없다. 겉과 속이 같으리라는 보장은 없다. 바로 이 사실을 예수님은 당대의 종교 지도자인 바리새인들에게 매번 깨우쳐 주려 하셨다.

바리새인은 행위, 외모, 종교 의식 등 외적인 문제에 늘 많은 신경을 썼다. 하지만 예수님이 번번이 그들에게 말씀하셨듯이 죄가 가장 강력한 위력을 발휘하는 지점은 마음속에 동기로 숨어 있을 때다. 죄는 주로 내면의 문제다. 밖에서 보이는 것만이 아니라 생각과 의도, 동기, 태도의 문제다.

우리 마음속에서 죄와 은혜는 어떻게 다를까? 눈에 보이지는 않으나 확연히 구별되는 정신의 차이가 있다. 죄의 정신은 "내 삶을 위해 네 삶이 있다"라고 말하고, 은혜의 정신은 "네 삶을 위해 내 삶이 있다"라고 말한다. 매일 매 순간 우리는 둘 중 하나를 선택할 수 있다. 비근한 예로, 줄을 서다가 새치기를 할 수도 있고(내 삶을 위해 네 삶이 있다) 혹은 누군가에게 기꺼이 순서를 양보할 수도 있다(네 삶을 위해 내 삶이 있다). 이때 나의 정신은 상대가 나를 섬기기 위해 존재한다고 믿는가, 아니면 내가 상대를 섬기기 위해 존재한다고 믿는가?

바리새인들처럼 우리도 구제 헌금을 내고, 성적 순결을 지키고, 교회에 잘 다니며, 매사에 도덕적으로 반듯하게 행동하면서도 여전히 "내 삶을 위해 네 삶이 있다"는 철학에 따라 움직일 수 있다. 곧 살펴보겠지만 이 철학은 결국 우리를 파멸시킨다.

17세기의 청교도 작가 존 오웬은 이 점을 등골이 오싹할 만큼 날카롭게 표현했다. "죄는 가장 얌전해 보일 때 가장 사납고, 죄의 물속은 잔잔할수록 대체로 깊다."[2] 얕은 시내가 더 요란하고 깊은 강이 더 조용하게 흐르듯이 죄도 가장 조용할 때 가장 강력하다.

다시 말해서 죄가 가장 위세를 떨칠 때는 우리가 죄를 알아채지도 못할 때, 그 죄로 인해 괴로워하지 않을 때, 자신이 죄인이라는 개념 자체에 불쾌해할 때다. 바로 이때 맹수는 가장 큰 성과를 거둔다. 맹수는 우리를 안에서부터, 즉 우리 마음의 동기부터 장악한다.

방치하면 반드시 삶 전체로 퍼진다

또 예수님은 우리가 죄를 다스리지 않으면 죄가 마구 퍼진다고 말씀하신다. 죄를 누룩에 빗대신 취지가 그것이다. 빵을 구울 때 때로 누룩으로 부풀린 반죽 전체를 오븐에 넣기 전에 미리 거기서 한 덩이를 떼어 놓는다. 두 번째 반죽에는 누룩 대신 그 덩이를 쓴다. 새 빵을 반죽할 때 그 덩이를 섞으면 효과가 곧바로 나타나 그 속에 스민 누룩이 신속히 퍼진다.

예수님이 이 비유를 통해 하시려는 말씀은 무엇일까? 죄를 우리 마음 한구석에 격리해 둘 수 없다는 경고다. 죄가 삶의 다른 영역에 영향을 미치지 않고 잠자코 따로 떨어져 있을 거라고 생각해서는 안 된다.

원리는 이렇다. 당신은 죄를 그냥 둬도 된다고 생각할지 모르지만 죄는 결코 **당신을** 그냥 놔두지 않는다. 죄는 마치 괴저 증세와 같다. 자신의 다리에 괴저가 퍼지고 있는데 이렇게 생각할 사람은 없다. "그래 봐야 다리의 일부일 뿐이야. 조금 절룩거리기야 하겠지만 그게 다라고." 아니, 항생제로 병균을 죽이든지 아니면 다리를 절단하든지 선택은 둘 중 하나다. 괴저는 늘 몸 어딘가로 퍼지기 때문이다. 당신이 괴저를 죽이지 않으면 괴저가 당신을 죽인다. 괴저 부분만 따로 격리해서 관리하는 것은 불가능하다.

죄도 마찬가지다. 죄는 늘 퍼진다. 사도 바울이 고린도전서 5장 6절에서 한 말에도 똑같은 은유가 나온다. "적은 누룩이 온 덩어리에 퍼지는 것을 알지 못하느냐." 예수님과 바울이 동일한 은유를 쓰셨으니 마땅히 우리 역시 이 말씀에 주목해야 한다.

죄가 어떻게 퍼지는지 몇 가지 예를 들어 보자. 우선 '원한'이 있다. 누구나 머릿속으로 가해자에게 원한을 품곤 한다. 상대는 내게 상처를 준 배우자일 수도 있고, 나를 학대한 부모일 수도 있고, 금전이나 업무 면에서 내게 피해를 입힌 직장 동료나 상사일 수도 있다.

일단 이런 생각이 든다. "나한테 이렇게 심한 상처를 주다니 아주 지독한 인간이야." 그 순간 우리는 어떻게 대응할지 선택할 수 있다. 원한을 물리칠 수도 있고 살려 둘 수도 있다. 살려 두면 그 생각이 오래지 않아 퍼진다. 머잖아 우리는 상대가 내게 입힌 피해를 머릿속에서 끊임없이 반복해서 재생한다. 그러다 내심 상대가 망하거나 벌을 받았으면 하고 바란다. 차라리 그 사람이 내 삶은 물론이고 심지어 이 세상에 없다면 삶이 훨씬 나아지리라는 상상까지 할 수도 있다. 이렇듯 원한은 끊임없이 몸집을 불린다.

반대로 그런 생각의 싹을 애초부터 물리칠 수도 있다. 원한이 고개를 쳐들 때마다 저항하는 것이다. 원한이 싹틀 때마다 뿌리를 뽑는다. 퍼지게 두지 않고 논박한다. 쉽게 용서되지 않아 고통이 따르더라도 용서하려 애쓴다.

둘 중 하나를 선택하는 길밖에 없다. 원한이라는 생각을 그냥 내버려둘 수는 없다. 원한이 우리를 가만히 내버려두지 않기 때문이다. 제때 뿌리 뽑지 않으면 원한은 삶 전체를 장악하고 퍼져 끝내는 곪아 터진다. 그러면 우리는 폭언을 퍼붓거나, 심지어 물리적 폭력을 휘두르며 타인을 대적할 수도 있다. 나에게 상처 준 사람에게 똑같이 되갚아 주는 것이 삶의 목표가 되어 버린다. 원한이라는 죄는 이렇듯 우리 삶의 열매를 시큼하게 변질시킨다.

그런데 문제는 거기서 끝나지 않는다는 것이다. 우리는 언제고 내게 상처를 줄 것 같은 이들을 점찍어 두고 그들과도 전쟁을 벌인다. 그런데 진짜 비극은, 내가 무례하고 냉소적인 사람이 되어 버렸기에 이제는 그들이 내게 상처를 줄 빌미를 내가 제공하게 된다는 사실이다.

죄는 이렇듯 우리 인생의 단맛을 모조리 빼앗아 간다. 당분이란 당분을 다 흡수해 시큼한 맛만 남긴다. 원한은 결코 가만히 있지 않고 우리를 선택의 기로로 몰아간다. 용서하지 않으면 우리가 망한다.

이번에는 다른 예다. 기혼자인 당신이 배우자 말고 다른 상대에 대해 성적인 상상이 떠오른다 해 보자. 이때 당신은 그런 공상을 물리칠 수도 있고 거기에 빠질 수도 있다. 공상에 계속 빠져 있는 것을 선택할 경우 그 사람에 대한 딱 **한 번의** 상상으로 끝날 리 만무하다. 한 번이 이내 여러 번으로 이어지다가 결국 성적 공상의 대상도 늘어난다. 그러면 어떻게 될까?

정욕이 삶의 단맛을 남김없이 빨아들여 이제 당신은 더는 곁에 있는 배우자를 즐거워할 수 없다. 배우자는 물론이고 그 어떤 인간도 당신의 성적 공상을 충족시켜 주지 못한다. 이제 당신은 품어서는 안 될 머릿속 생각을 몸으로도 늘 쫓아다니게 되고, 결국 그것이 곪아 터져 간음과 외도를 저지르고 만다. 성적 공상을 품은 채로 억제할 수는 없으며, 일단 공상을 품으면 그에 따르는 결과를 피할 수 없다.

우리는 이렇게 각양각색의 죄가 퍼지도록 번번이 방

치한다. 거짓말이 우리 삶을 지배할 때까지 누룩처럼 증식한다는 사실은 더 이상 은밀한 비밀이 아니다. 시기심은 원하는 것을 손에 넣을 때까지 계속 우리를 극단으로 몰아붙인다. 어떤 죄든 방치하면 죄가 활개를 치게 되어 있다.

은혜를 거부하는 교만의 두 얼굴

고린도전서 5장에서 바울은 교만한 지랑을 누룩에 빗댄다. 지금 우리가 살펴보고 있는 마가복음 8장 본문에서 예수님께 나아온 바리새인들이 그 증거다. 그들은 하늘로부터 오는 표적, 즉 예수님이 메시아임을 증명해 줄 표적을 구한다. 기적을 봐야 믿겠다는 것이다.

예수님은 뭐라고 말씀하시는가? 뜻밖에도 거절하신다. 이런 대응이 뜻밖인 것은 그분이 이미 기적을 많이 행하셨기 때문이다. 바리새인은 이미 기적을 볼 만큼 봤고, 이 만남 이후에도 그분은 기적을 더 행하실 것이다. 그렇다면 이전에 그들의 청을 **들어주신** 그분이 왜 이번에는 표적을 구해도 주지 않으실까?

그분이 그들의 요구를 거절하신 것은 죄의 본질이 교만하게 은혜를 거부하는 것임을 가르치시기 위해서다. 바리새인이 믿지 못한 이유는 예수님이 표적을 주지 않으셔서가 아니라 그분이 가져오신 것과 그분의 정체성이 싫었기 때문이다. 이스라엘의 경건한 지도자로 자처한 그들은 자신들에게 상을 주실 강력한 군사적 메시아를 원했다. 그런데 예수님은 힘센 메시아가 아니라 연약한 구주요, 지극히 겸손한 스승으로 오셨다.

그분이 행하신 수많은 기적은 사람을 치유하시는 것처럼 **구원**의 기적이었지, 바리새인이 바라던 혁명의 기적이 아니었다. 그분은 로마인을 쫓아내지도, 정치권력과 군사력을 발동해 종교 지도자에게 상을 주지도 않으셨다. 그분은 은혜의 메시아로 오셔서 한없는 용서를 아낌없이 베푸셨다. 그런데 바리새인들은 스스로 보기에 용서가 필요치 않았다.

예수님의 신성을 보여 주는 증거가 허다했지만, 바리새인은 구주의 필요성을 인정하지 않은 채 자신이 바라던 것만 고집하느라 그분을 믿지 못했다. 그러면서 자신의 불신을 그분 탓으로 돌렸다. 자신의 문제가 아니라 **그분의** 문제라는 것이다. 이에 예수님은 이렇게 답하신 셈이다. "아직도 모르겠니? 내 은혜를 거부하면 너희는 늘 더 많은 표적을 구하느라 끝내 만족하지 못할 것이다."

우리 가운데도 똑같이 행동하는 사람들이 있다. 예를 들어, 우리는 이렇게 생각할 수 있다. "내 삶에 어려움이 닥쳤는데, 하나님이 이번 일을 해결해 주시지 않는다면, 나도 하나님과 더는 엮이고 싶지 않아. 하나님이 내 기도에 응답해 표적을 보여 주셔야 해. 그렇지 않으면 난 이제 하나님을 안 믿을 거야."

하지만 이런 생각은 하나님이 우리가 바라는 대로 해 줄 의무가 있다는 바리새인의 전제에 기초한 것이다. 우리는 하나님께 아무것도 받을 자격이 없는 죄인인데 그분이 그리스도의 죽음을 통해 모든 것을 은혜로 베푸신다. 이 사실을 부인하는 것은 은혜의 개념 자체를 거부하고 우리의 문제와 불신을 하나님 탓으로 돌리는 것이다. 그러면 하나님이 아무리 많은 표적을 주신다 해도 우리는 끊임없이 더 자극적인 표적을 더 많이 구할 수밖에 없다. 하나님의 은혜를 거부하는 사람은 늘 불행하고 늘 불안하다. 우리는 고집스러운 교만을 버리고 힘써 주님의 은혜를 깨달아야 한다.

어떤 사람은 이렇게 생각할 수 있다. "나는 바리새인처럼 교만하지 않아. 굳이 말하자면 그 반대지. 내가 자랑스럽기는커녕 오히려 실패자로 느껴지는걸." 하나님은 그런 당신에게도 말씀하신다. "내 아들 예수가 십자가에서 너를 위해 죽었다. 너를 받아들이는 내 사랑을 그보다 더 잘 보여 주는 표적이 무엇이겠니?"

교만에는 두 종류가 있다. 하나는 "나는 선하니까 은혜가 필요 없다"고 생각하고, 또 하나는 "나는 죄가 너무 커서 은혜를 받을 수 없다"고 생각한다. 첫 번째 부류의 교만한 사람이 하나님의 용서를 거부하는 이유는 그분이 표적을 더 주실 의무가 있다고 믿기 때문이다. 두 번째 부류의 교만한 사람이 그분의 용서를 거부하는 이유는 자신이 용서받을 자격이 없다고 믿기 때문이다. 양쪽 다 가장 위대한 표적을 무시한다. 바로 그리스도께서 우리를 구원하시려고 십자가에 달리신 그 표적 말이다.

몇 년 전 어떤 젊은 여성이 내게 말했다. "맞아요. 저는 그리스도인이에요. 하지만 당장 데이트할 상대가 없는데 그게 다 무슨 소용이에요? 아무도 절 사랑하지 않아요. 죽고 싶은 심정이에요." 그녀는 하나님께 표적을 구하고 있었다. "절 사랑할 남자를 보내 주세요."

이 본문에 비추어 우리는 예수님이 그 여성에게 주실 답변을 상상해 볼 수 있다. "너를 사랑할 남자를 내가 보내도 너는 여전히 만족하지 못할 것이다. 네게 **이미** 준 최고의 표적을 거부했기에 계속해서 표적을 구할 것이다. 네가 사랑받는 존재라는 것도 내 은혜로 말미암아 알 수 있고, 네게 소망이 있다는 것도 내 은혜로 말미암아 알 수 있다. 내가 줄 수 있는 표적으로 이보다 더 나은 것은 없다."

이 내용은 결국 이번 장의 두 번째 마가복음 본문으로 이어진다. 거기에 묘사된 헬라인 여인은 하나님의 은혜를 안다. 그녀가 예수님께 와서 자신의 딸에게서 귀신을 쫓아내 주시기를 청하자 예수님이 이렇게 대답하신다. "자녀로 먼저 배불리 먹게 할지니 자녀의 떡(빵, NIV)을 취하여 개들에게 던짐이 마땅치 아니하니라"(마가복음 7장 27절). 그분이 지적하신 사실은 두 가지다. 자신이 우선 이스라엘 자손을 위해 이 땅에 오셨다는 것, 유대인이 흔히 헬라인을 개처럼 부정하고 불결하게 여겼다는 것이다.

이때 그녀가 보인 반응은 하나님의 은혜를 믿은 가장 놀라운 사례다. 당신의 마음속에도 이런 믿음을 받아들이면 그 믿음이 퍼져 마음속의 문제를 바로잡아 준다. 그녀는 "주여 옳소이다마는 상 아래 개들도 아이들이 먹던 부스러기를 먹나이다"라고 말한다(28절). 이런 말이나 마찬가지다. "그래요. 주님이 그들을 위해 오셨다는 거야 저도 압니다. 하지만 개와 같은 우리의 몫도 늘 남아 있습니다."

한편으로 그녀는 자신이 개라고, 즉 모든 인간처럼 자신도 하나님 앞에 나아갈 자격이 없다고 **시인한다**. 그러면서도 한없이 너그러우신 하나님이 그분 앞에 나아온 자신을 물리치실 리 없다고 단언한다. 그분의 식탁에 그녀가 먹고도 남을 만큼 떡(빵)이 넘쳐 난다.

이 여자는 은혜를 거부하는 교만과는 정반대의 겸손을 보여 줄 뿐 아니라, "주님이 자비의 하나님이심을 저는 압니다. 주님의 그 자비를 저도 원합니다"라고 아뢰는 담대함도 보여 준다. 겸손과 담대함, 이 둘이 만나 우리를 치유로 이끈다. 그녀에게 떡(빵)을 주시기 위해 예수님이 어떤 일을 겪으셔야 하는지를 그녀는 몰랐지만 우리는 안다.

그분이 하늘에서 내려온 떡(빵)이 되시려면 우리 죄로 인해 죽으셔야 했다. 우리 모두를 풍성하게 먹이시려면 자신의 몸이 찢기셔야만 했다. 이 사실을 깨닫고 이렇게 고백할 때 우리 죄가 치유될 수 있다. "이것이야말로 제게 필요한 단 하나의 표적입니다. 하나님이 친히 말씀하신 바로 그분이시며 저를 사랑하신다는 사실을 보여 줄 그 어떤 다른 표적도 구하지 않겠습니다."

우리가 이 복음 이상을 갈망하는 것은 죄 때문이며, 스스로 선해서 은혜가 필요 없다고 여기거나 반대로 너무 악해서 은혜를 받을 수 없다고 낙심하는 것은 모두 교만 때문이다.

예수님은 "네 삶을 위해 내 삶이 있다"는 원리의 살아 있는 모본이시다. 그분이 우리를 위해 자신의 목숨을 버리셨음을 깨달을 때 우리도 타인을 위해 똑같이 할 수 있다.

하나님의 은혜에 눈뜨기 위한 기도

아버지, 저의 죄가 누룩처럼

곳곳으로 퍼져 나가는 것을 보게 하소서.

제가 "내 삶을 위해 네가 있다"는 정신에

깊이 물들어 있음을 보게 하소서.

무엇보다 이런 저를 위해 친히 목숨을 내어 주러

아버지의 아들 예수께서 이 땅에 오셨음을 보게 하소서.

주님의 사랑을 가장 확실하게 보여 주신 이 표적으로

제 안의 모든 교만과 두려움, 불안을 없애 주소서.

저를 위한 예수님의 희생과 사랑의 실체를

더욱 선명하게 깨닫게 하소서.

그리하여 저도 주님처럼

"네 삶을 위해 내 삶이 있다"는 자세로 살아가게 하소서.

예수님의 이름으로 기도합니다. 아멘.

4. 죄는 불신이다

sin as mistrust

하나님 아닌 곳에 뿌리를 내린
덧없는 의존

예레미야 17장 5-14절

5 여호와께서 이와 같이 말씀하시니라 무릇 사람을 믿으며 육신으로 그의 힘을 삼고 마음이 여호와에게서 떠난 그 사람은 저주를 받을 것이라 6 그는 사막의 떨기나무 같아서 좋은 일이 오는 것을 보지 못하고 광야 간조한 곳, 건건한 땅, 사람이 살지 않는 땅에 살리라

7 그러나 무릇 여호와를 의지하며 여호와를 의뢰하는 그 사람은 복을 받을 것이라 8 그는 물가에 심어진 나무가 그 뿌리를 강변에 뻗치고 더위가 올지라도 두려워하지 아니하며 그 잎이 청청하며 가무는 해에도 걱정이 없고 결실이 그치지 아니함 같으리라

9 만물보다 거짓되고 심히 부패한 것은 마음이라 누가 능히 이를 알리요마는 10 나 여호와는 심장을 살피며 폐부를 시험하고 각각 그의 행위와 그의 행실대로 보응하나니 11 불의로 치부하는 자는 자고새가 낳지 아니한 알을 품음 같아서 그의 중년에 그것이 떠나겠고 마침내 어리석은 자가 되리라

12 영화로우신 보좌여 시작부터 높이 계시며 우리의 성소이시며 13 이스라엘의 소망이신 여호와여 무릇 주를 버리는 자는 다 수치를 당할 것이라 무릇 여호와를 떠나는 자는 흙에 기록이 되오리니 이는 생수의 근원이신 여호와를 버림이니이다

14 여호와여 주는 나의 찬송이시오니 나를 고치소서 그리하시면 내가 낫겠나이다 나를 구원하소서 그리하시면 내가 구원을 얻으리이다

사회적인 것이든, 심리적인 것이든, 혹은 그 무엇이든 누구나 걱정거리가 있다. 특정 집단의 누군가를 두려워하거나 미워한다면 이는 사회적 문제고, 불안정한 자아상이 고민이라면 이는 심리적 문제다. 재정이나 평판, 가정에 대한 염려도 있다. 걱정거리가 무엇이든 흔히 우리는 문제의 표면만 고치려 한다. 하지만 성경은 이면에 감추인 진짜 원인을 보지 않는 한, 결코 문제를 제대로 해결할 수 없다고 말한다.

선지자 예레미야가 이스라엘 백성에게 말하는 이 긴 본문은 바로 우리가 하는 염려의 진짜 원인을 보여 준다. 본문에서 예레미야는 백성의 죄를 질타하던 도중 두 종류의 나무를 흥미롭게 비교한다. 여기서 죄의 본질과 영향의 또 다른 측면이 드러난다.

비교는 5-8절에 나온다. 예레미야는 5-6절에서 "사람을 믿으며 육신으로 그의 힘을 삼〔는 사람〕"은 "사막의 떨기나무" 같다고 말한 뒤, 7-8절에서 "여호와를 의지하며 여호와를 의뢰하는 그 사람"은 물가에서 자라는 건강한 나무와 같다고 말한다.

8절에 이어지는 말이 참으로 의미심장하다. 물가에 심긴 나무는 "걱정"이 없다는 것이다. 예레미야는 우리의 불안과 염려에 대처할 비결이 있다고 말한다. 걱정의 원인과 해법을 안다는 것인데, 그 내용이 두 나무 비유를 통해 밝혀진다.

어디에 뿌리를 내렸는가

본문에 나오는 두 나무 비유가 보여 주듯, 죄의 본질은 **하나님이 아닌 다른 곳에 우리의 뿌리를 내리는 것**이다. 과거에 내가 죄에 대해 설교하거나 글을 쓰면 누군가 나를 찾아와 이렇게 말하곤 했다. "죄가 어떤 영향을 미치고 얼마나 위험한지는 이제 알겠는데, 도대체 죄라는 게 뭔가요?" 당신도 이 본질적 물음 앞에 서 있다면 기쁜 소식을 들려주겠다. 예레미야 17장 5-14절에 죄에 대한 심층 분석이 나와 있다.

먼저 6절에 등장하는 첫 번째 나무는 바싹 마르고 앙상한 "떨기나무"에 불과하다. 이 나무를 지칭하는 원어 "아르아르"는 '벌거벗다'를 뜻하는 히브리어 단어를 떠올리게 하는데, 이는 황량한 불모지, 그야말로 벌거벗은 땅에 서 있는 나무의 처지를 강조한다. 이와 대조적으로, 다른 나무는 물가에서 우람하고 풍성하게 자라나며 그 잎이 늘 청청하여 생명력을 한껏 뿜어낸다.

두 나무의 차이는 뿌리를 어디에 내렸느냐에 있다. 뿌

리 자체가 다르다기보다 뿌리를 내린 위치가 잎과 가지, 줄기 등 나무의 모든 것을 결정한다.

왜일까? 뿌리가 담당하는 두 가지 역할 때문이다. 첫째, 뿌리는 나무를 땅속에 단단히 고정하여 나무도 흙도 바람에 쓸려 날아가지 않게 한다. 둘째, 뿌리는 흙에서 양분과 수분을 직접적으로 빨아들인다. 물론 나무가 자라는 데 양분이 중요하지만, 나무가 가뭄을 이겨 내려면 수분이 필요하다. 수분을 공급받으려면 뿌리가 깊어야 한다. 죄의 개념을 살펴볼 때 뿌리의 이 두 기능을 기억하는 게 아주 중요하다.

죄란 우리의 뿌리를 하나님이 아닌 다른 무언가에 내리는 것이다. 흔히 우리는 죄를 단순히 규율을 어기는 것으로 생각한다. 하지만 죄를 그런 식으로만 정의하면, ‘죄’와 ‘경건’을 동일한 스펙트럼 위에 놓인 ‘정도의 차이’로 보게 된다는 문제가 발생한다. 이 관점대로라면 하나님의 법을 50회 위반한 사람은 죄인이지만, 3회만 위반하면 경건한 사람이라고 할 수 있다. 25회 위반한 사람은 그 중간쯤 될 것이다.

그러나 예레미야는 죄를 그렇게 봐서는 안 된다고 말한다. “이 사람이 저 사람보다 절반쯤 선하다”는 말은 성립되지 않는다는 것이다. 죄와 경건은 마음의 방향이 서로 다른 것이고 뿌리의 위치가 서로 다른 것이다. 우리의 삶은 둘 중 하나다. 하나님께 뿌리를 내리거나 하나님 아닌 다른 것에 뿌리를 내리거나. 어디에 뿌리를 내리느냐에 따라 우리 삶의 나머지가 결정된다.

그렇다면 "뿌리를 내린다"는 말은 무슨 뜻일까? 이를 설명해 주는 본문의 핵심 단어는 "믿다" 또는 "의지하다"이다. 5절과 7절의 대비를 눈여겨보라(새번역). "사람을 **의지하며**, 사람이 힘이 되어 주려니 하고 **믿는** 자는, 저주를 받을 것이다"(5절). "주님을 **믿고 의지하는** 사람은 복을 받을 것이다"(7절). 우리가 믿고 의지하는 대상이 곧 우리가 뿌리를 내린 자리다. 뿌리와 믿음은 동일한 것이다. 그러므로 스스로 종교적이라고 생각하지만 실제 삶에서 그리스도를 의지하지 않고 그분께 소망을 두지 않는 사람은 전혀 하나님께 뿌리를 내린 것이 아니다.

어떤 사람은 이렇게 생각할 것이다. "믿음이 있어야 죄를 버릴 수 있다면 난 자신이 없어. 난 다른 종교적인 사람들만큼 믿음이 크지 못하니까." 이런 생각은 마음의 기만에서 나온다. 인간은 누구나 **무언가를** 믿는다. **반드시** 무언가를 의지해야만 살아갈 수 있다. 무엇을 의지하느냐에 따라 삶의 전체 방향이 달라진다. 모든 나무에 뿌리가 있듯이 사람도 **누구나** 무언가에 대한 믿음이 있다. 누구나 자신을 지탱해 줄 무언가에 뿌리를 내린다.

당신의 뿌리를 어디에 내렸는지 알고 싶은가? 여기 두 가지 점검법이 있다. 내 표현으로, 하나는 부정적 점검법이고, 다른 하나는 긍정적 점검법이다. 부정적 점검법은 당신에게 몇 가지 질문을 던진다.

- 당신이 가장 많이 걱정하는 것은 무엇인가?
- 가장 두려운 것은 무엇인가?
- '이것'을 잃는다면 삶이 통째로 무너질 것만 같은 것이 있는가? 있다면 무엇인가? 무엇을 상실하면 더 이상 살아야 할 이유를 찾지 못하고, 삶이 빈껍데기인 듯한 허무에 빠질 것 같은가?

저마다 이 질문들에 대한 나름의 답이 있다. 당신의 답은 무엇인가? 그 답을 보면 당신이 무엇을 믿고 어디에 뿌리를 내렸는지 웬만큼 알 수 있다.

영국의 윌리엄 템플 주교가 남긴 다음의 표현은 나의 실체를 마주하게 하는 긍정적 점검법에 해당한다. "종교란 당신이 고독할 때 하는 바로 그 일이다." 아무런 바쁜 일이 없을 때 당신의 마음은 어디서 새 힘을 얻는가? 업무나 책임 따위를 생각할 필요가 없을 때 당신의 마음은 어디서 양분을 얻는가? 당신은 무엇에 의지하여 기쁨과 위안을 얻는가?

우리 마음은 수많은 물질적인 것에 의지해 기분을 좋게 하려 한다. 더 좋은 집이나 인테리어, 자동차, 옷, 다음 번 식사 메뉴, 텔레비전 같은 것들로 말이다. 때로는 생각이 관계 쪽으로 기울기도 한다. 환상적인 로맨스나 화목한 가정을 꿈꾸는 것이 대표적이다. "친구만 많으면 난 괜찮아"라고 스스로를 다독이거나, 심지어 나를 필요로 하는 누군가를 '구원한다'는 생각에 소망을 두기도 한다.

자신이 이룬 성취를 되새기며 위안을 얻는 경우도 있다. 직장에서 승승장구하거나, 정치나 사회적 대의에 헌신하거나, 어떤 취미를 완벽하게 마스터하거나, 산 정상까지 오르는 일 등 스스로 설정해 놓은 목표를 하나하나 달성해나가면서 말이다.

당신의 마음이 어디서 소망을 얻든 바로 **그것**이 당신의 종교요, 궁극적인 관심사다. 당신이 실존적으로 의지하는 것도 그것이며, 당신을 살맛 나게 하는 것도 그것이다. 당신이 종교적인 사람이든, 종교와는 거리가 먼 사람이든, 그 중간 어디쯤이든 크게 다르지 않다. 이미 당신은 무언가를 믿고 있다.

자주 인용되는 윈스턴 처칠 수상의 일화가 있다. 그가 하인과 실랑이를 벌인 적이 있는데, 나중에 하인이 화해하려고 그에게 다가갔다. 하인은 자신이 무례했다고 시인한 뒤 조심스레 덧붙였다. "그런데 처칠 수상님, 수상님도 제게 무례하셨습니다." 그러자 처칠은 아주 진지하게 대답했다. "그래도 나는 높은 사람이잖은가."[1]

이 대답을 보면 처칠이 어디에 뿌리를 내렸는지 알 수 있다. 궁지에 몰렸을 때 그는 무엇으로 자신을 정당화해 체면을 살렸는가? 바로 자신의 성취를 내세웠다. 그의 마음에서 나온 반응은 이러했다. "내가 이룬 일을 보게나. 이런 내가 하인한테 심술 좀 부렸기로서니 그게 뭐 어떻단 말인가?"

죄란 단지 규율을 어기는 것이 아니다. 하나님이 아닌 다른 무언가를 우리의 가장 큰 기쁨, 삶을 지탱하는 안식처, 궁극적인 신뢰의 대상으로 삼는 것이다.

이 진리를 성경 전체에서 볼 수 있다. "또 여호와를 기뻐하라 그가 네 마음의 소원을 네게 이루어 주시리로다"(시편 37편 4절). 하나님 자체가 우리의 기쁨이 될 때 우리 삶은 비로소 진정한 생명력을 꽃피운다. 마태복음 22장에서 바리새인들이 예수님께 율법 중에서 어느 계명이 가장 크냐고 물었을 때 그분은 "네 마음을 다하고 목숨을 다하고 뜻을 다하여 주 너의 하나님을 사랑하라"라고 답하셨다(37절). 이것이 우리가 해야 할 일의 전부다.

이 예레미야 본문이 죄를 얼마나 날카롭게 분석하고 있는지 보자. 17장 7절에서 예레미야는 "그러나 무릇 여호와를 의지하며 여호와를 의뢰하는 그 사람은 복을 받을 것이라"라고 말한다. 그는 왜 굳이 비슷해 보이는 두 번째 문구를 덧붙였을까? 번역본으로는 이 선언이 지닌 강력한 힘을 온전히 느끼기 어렵다. 성경 원문을 보면 "의지하다"와 "의뢰하다"로 번역된 두 단어의 히브리어 어근이 같다. 즉, 이 문장은 사실 이런 뜻이다. "주님을 믿으며, 의지하는 대상이 오직 주님뿐인 사람은 복이 있다."

왜 이렇게까지 말했을까? 주님을 믿는다고 말하면서도, 실제로 우리가 전적으로 의지하는 대상은 주님이 아닐 수 있기 때문이다. 무슨 뜻인지 설명해 보겠다. 어떤 의미에서 인간은 세 부류로 나뉜다. 첫째는 비종교적인 사람이다. 그들의 기본 태도는 "내 뜻대로 살겠다"는 것이다. 둘째는 종교적인 사람이다. 그들은 하나님이 명하시는 일을 하긴 하되, 목적은 그분께 무언가를 얻어내는 데 있다. 이들은 **다른 목적**을 위해 주님을 수단으로 이용할 뿐이다. 즉, 이들이 실제로 믿는 대상은 주님이 아니라 그들이 원하는 바로 **그것**이다. 셋째는 주님을 믿는 데서 나아가, 오직 주님만을 전적인 신뢰의 대상으로 삼는 사람이다.

특히 두 번째 부류의 관점은 주의 깊게 살펴봐야 한다. 평소에는 그들의 속내를 놓치기 쉽지만, 삶에 문제가 닥치면 실체가 똑똑히 드러나기 때문이다. 시련이 닥치면 그들은 이렇게 생각한다. "나는 꽤 선하게 살아왔고, 하나님께 순종했어. 그런데 왜 이 문제를 해결해 주시지 않는 거지? 나 아닌 누구라도 인간이라면 당연히 이렇게 구했을 텐데 왜 도와주시지 않는 거야? 이런 식이라면 계속 그분을 따라야 할지 고민 좀 해 봐야겠어. 하나님과 함께하는 게 대체 무슨 소용이지? 나한테 무슨 이득이 있기는 한 걸까?"

이것이 주님을 믿는다고 말하면서도 정작 **그분**만을 전적인 의지 대상으로 삼지는 않는 사람의 관점이다. 하나님을 믿는 데 어떤 조건이 붙는다면, 당신이 실제로 믿고 의지하는 대상은 주님이 아니라 바로 그 조건이다. "일단 하나님을 믿어 보겠지만 내 문제를 해결해 주시지 않는다면 그리스도인이 되어 봐야 무슨 소용이야?" 이런 생각이 든다면 여기서 당신의 실체가 드러난다. 어떤 의미에서는 주님을 의지할지 모르나, 당신이 **진짜** 의지하는 대상은 그분이 아니라는 사실이다. 당신이 그분께 얻어 내고자 하는 바로 그것이 당신이 **진짜** 뿌리를 내리고 있는 대상이며, 당신의 **진짜** 소망이다.

9절에서 "만물보다 거짓되고 심히 부패한 것은 마음이라"라고 말한다. 우리는 하나님을 믿는다고 생각하면서도 얼마든지 스스로를 속일 수 있다. 죄란 하나님을 목적 자체가 아니라 내 목적을 이루기 위한 수단으로 삼는 것이다. 내 인생의 해피엔딩을 하나님과 맺는 영원한 관계보다 더 중요하게 여기는 것이 바로 죄다.

"이럴 거면 하나님 안 믿을래. 왜 그분은 내게 '이것'을 주시지 않는 거지?" 이런 말이 입 밖으로 나온다면, 사실 당신은 이렇게 말한 셈이다. "내가 진짜 믿고 의지하는 대상은 하나님이 아니라 바로 '이것'이다." 만일 그렇다면 도대체 왜 그분이 당신에게 당신이 바라는 그것을 주시겠는가? 하나님이 아닌 다른 곳에 뿌리를 내리는 일은 당신을 뒤틀리게 하고, 성장을 멈추게 하며, 끝없는 갈증에 빠뜨릴 뿐이다. 과연 그것을 주시는 게 그분의 자비나 사랑이겠는가?

불안과 염려에 사로잡혀 있다면

본문에 두 나무에 대한 또 다른 비교가 담겨 있는데, 영어 성경 역본에는 그 점이 잘 드러나지 않는다. 이 비교는 죄의 결과가 무엇인지, 즉 무엇이 죄의 열매이며 무엇이 그 반대인지를 보여 준다. 6절은 사람을 믿는 자는 "사막의 떨기나무" 같다면서 그가 "좋은 일이 오는 것을 보지 못〔한다〕"고 말한다. 이어지는 8절은 하나님을 의지하는 사람은 "물가에 심어진 나무가 그 뿌리를 강변에 뻗치고 더위가 올지라도 두려워하지 〔않음〕"과 같다고 선언한다. 이 극명한 대비가 시사하는 요점은 무엇인가? 바로 환경에 반응하는 방식이 서로 다르다는 것이다.

어떻게 그럴까? 떨기나무가 "좋은 일" 즉 형통을 누릴 수 없는 이유는 메마른 사막의 삶에 익숙해졌기 때문이다. 간혹 사막에도 비가 내리고 폭우가 쏟아지지만, 그렇다고 떨기나무가 근본적으로 달라지지는 않는다. 비 덕분에 잠시 약간 더 푸르를 수는 있어도 실제로 변하는 것은 아니다. 여전히 사막이라는 척박한 환경에 길들여진 나무다.

반면, 강변의 나무도 극심한 가뭄이 찾아올 수 있지만, 역시 그렇다고 나무가 근본적으로 달라지지는 않는다.

물론 어느 정도 절기의 영향을 받아 한동안 잎이 약간 갈색을 띨 수는 있다. 하지만 비가 안 온다고 나무가 죽지는 않는다. 수분의 공급원이 비가 아니라 강물이기 때문이다. 그래서 가물어도 나무는 조금도 생기를 잃지 않는다. 폭우가 쏟아져도 사막의 나무가 전혀 변하지 않는 것과 마찬가지다.

이 비유에 담긴 메시지는 무엇일까? 돈을 벌려는 이들이 실제로 부자가 될 때가 있고, 성취에 몰두하는 이들이 정말 유명해질 때가 있다. 로맨틱한 관계를 갈망하는 이들도 바라던 대로 그 꿈이 이루어질 때가 있다. 폭우가 쏟아지고 좋은 일이 찾아오는 것이다. 그러나 이것이야말로 그들에게 최악의 재앙 가운데 하나다.

몇 해 전 뉴욕을 기반으로 하는 대안 신문 〈빌리지 보이스〉(*The Village Voice*)에 "명성의 10년"(*The Celebrity Decade*)이라는 신시아 하이멀의 글이 실렸다. 우리 시대의 문화가 명성에 그토록 집착하지만 막상 원하던 명예욕이 채워져도 결과는 비참하다는 내용이다. 그녀에 따르면 "간절히 …… 명성을 원한" 수많은 사람 가운데 겨우 몇 사람만 뜻을 이루었고, 그들마저도 삶이 지독히 불행했다.

하나같이 그들은 유명해진 바로 다음 날 아침, 약물을 과다 복용하고 싶은 충동을 느꼈다. …… 자신들이 갈구해 온 그 거대한 목표, 모든 문제를 해결해 줄 것만 같았던 그 명성, 삶을 견딜 만하게 해 줄 성취와 행복이 마침내 현실이 되었는데도 아무것도 달라지지 않았기 때문이다. 그들은 여전히 예전의 자신 그대로였다.

그들은 이 환멸을 견딜 수 없어 울부짖었다.[2]

예레미야가 하는 말도 이와 똑같다. 사막에 쏟아지는 폭우는 금세 지나간다. 뿌리를 강변에 내리지 않으면 당신의 타는 듯한 갈증은 여전하다. 사막에서는 어쩌다 내리는 비가 오히려 당신에게는 최악의 경험이 될 수 있다. 그 비가 당신을 구원해 줄 수 없기 때문이다. 결국 당신도 '견딜 수 없어 울부짖을 것'이다.

반면, 예레미야는 하나님께 뿌리를 내린 사람은 가뭄의 시기도 견뎌 낼 수 있다고 말한다. 설령 나쁜 일이 닥치더라도 그들의 태도는 확고하다. "실망스러울 순 있지만, 이것들이 내게 꼭 필요한 '가장 중요한 것'은 아니야. 내가 진짜로 원하는 분은 하나님뿐이야." 그리하여 두려움이나 걱정 없이 이 모든 상황을 통과한다.

우리 인생을 이렇게 바라봐야 한다. 날씨 즉 자신의 환경을 바라보며 "내 모든 문제의 원인은 비가 안 온다는 거야. 아내만 좋은 사람이었어도", "최고의 남편감만 만났어도", "직장 환경이 더 낫거나 새 직장만 있어도"라고 생각한다면, 우리는 환경이 궁극적 만족을 줄 수 없음을 모르는 것이다. 결국 인생의 결정적 요인은 '강수량'이나 현재 자신의 잎이 약간 녹색인지, 약간 갈색인지가 아니라 우리의 자리가 하나님의 물가에 있느냐다. 우리가 걱정, 두려움, 불안에 사로잡혀 있다면, 이 사실은 우리가 환경에 지배당한다는 사실을 넘어 우리가 진짜 믿고 의지하는 것이 무엇인지를 보여 준다.

자신이 진짜 의지하고 있는 대상이 무엇이든(물론 그 자체로는 좋은 것일 수도 있다) 우리는 기꺼이 그것을 보며 이렇게 자성해야 한다. "내가 뿌리를 여기에 내렸었구나. **그래서** 내가 이토록 걱정하는 거구나. 내 뿌리는 하나님의 강에서 참으로 멀구나."

자신을 되돌아보는 과정에서 자책감이 밀려오겠지만 그만큼 해방감도 크다. 우리는 환경의 피해자가 아니라 죄인이며, 우리보다 훨씬 크신 하나님을 의지하면 그분이 우리를 돌봐 주신다. 이 사실을 진정으로 깨달으면 그때부터 삶다운 삶이 가능해진다.

예레미야 17장 본문에서 하나님은 마치 우리 마음을 향해 이렇게 말씀하시는 것 같다. "생각해 보렴. 사랑과 성(性)에서 네가 정말 원하는 것이 무엇이니? 정착과 헌신? 그렇다면 나를 알아라. 일의 세계에서 네가 정말 원하는 것이 무엇이니? 의미 있는 삶, 세상에 영향력을 끼치는 삶? 그렇다면 나를 섬겨라. 돈에서 네가 정말 원하는 것이 무엇이니? 안전과 행복? 그렇다면 나를 신뢰해라."

비 한 방울을 어찌 강물에 비할 수 있겠는가!

그분 손에 들려 옮겨 심겨야 한다

그렇다면 우리의 불신(mistrust)을 고치는 해법은 무엇일까? 예레미야는 "나를 고치소서 그리하시면 내가 낫겠나이다"라고 구한다(14절). 무엇을 고쳐야 할까? 9절에 이미 답이 나와 있다. "만물보다 거짓되고 고칠 수 없는 것은 마음이다"(NIV). 예레미야는 마음의 죄가 불치병이라고 말한다. 그런데 다섯 절 뒤에서는 하나님께 "나를 고치소서"라고 구한다. 모순되는 말일까? 전혀 그렇지 않다.

그가 한 말은 사실 단순하다. 우리 마음을 **인간은** 치유할 수 없다는 것이다. 잘 보면 알겠지만 사막의 떨기나무는 그냥 "광야"에 사는 반면(6절), 두 번째 나무는 "물가에 심어진 나무"다(8절). 예레미야는 왜 "심어진 나무"라고 표현했을까? 본래 우리가 사막의 나무라서 메마른 땅에서 태어나기 때문이다. 우리 스스로의 힘으로는 심긴 자리를 옮길 수 없으며, 다른 누군가가 옮겨 심어 주어야 한다. 우리가 거듭나려면 외부의 개입이 필요하다.

하나님의 강변에 심어지려면 강이신 하나님께 우리 자신을 맡겨야 한다. 그분이 친히 우리를 뽑아 물가로 옮겨 심어 주신다.

"내가 강변으로 옮겨 심겨야 하는 상태인지를 어떻게 알지?" 이런 의문이 든다면 평소 당신이 가뭄에 얼마나 잘 대처하는지 보라. 무더위가 찾아올 때 감당할 수 있는가?

당신은 더위를 참고 이겨 내든지, 아니면 더위에 바짝 목이 마르고 죽을 것처럼 숨이 막혀 '견딜 수 없어 울부짖든지' 둘 중 하나다.

혹시 영적 전환점을 맞은 적이 있는가? 당신의 뿌리를 옛 삶에서 뿌리째 뽑아 새 삶에 심어 주시는 하나님을 느낀 적이 있는가? 영적으로 치열하게 씨름한 적이 있는가? 아니면 "아니, 나 정도면 꽤 괜찮은 사람이지. 늘 교회에 다녔고 늘 믿었잖아"라고 생각하는가? 후자라면 아주 위험한 신호다.

옮겨 심어진 적이 없다면 당신에게는 하나님의 거듭나게 하심이 필요하다.

어떤 이들은 이렇게 말할 것이다. 인생의 많은 것이 당연히 실망과 상처를 안기겠지만, 기독교인이 된다 해도 크게 달라질 건 없다고 말이다. 종교도 다른 모든 것만큼이나 우리에게 환멸을 남긴다는 것이다. 내 대답은 이렇다. 기독교가 너무 약해서 당신에게 진정한 소망을 줄 수 없다고 생각한다면, 하나님이 없어도 괜찮다고 생각한다면, 당신은 아직 제대로 된 더위를 겪어 보지 못한 것이다.

어느 날 의사가 당신에게 이렇게 말한다면? "안타깝게도 이제부터 평생 휠체어에 앉아서 살아야 합니다." 한순간에 직장도, 재정적 안정도 잃는다. 섹스는커녕 제 발로 걸어 다닐 수도 없다. 이런 진단을 받고도 헤쳐 나갈 수 있을 만큼 충분한 양분을 공급해 줄 토양이 과연 있을까?

그리스도의 산 소망이 바로 그 토양이다. 그런 현실에 맞서려면 비전과 용기가 필요한데, 기독교만이 당신에게 그 자원을 공급해 준다. 인생의 뿌리를 하나님께 내리면 어떤 일이 닥쳐도 사랑을 누리고 존재의 의미를 찾을 수 있다. 몸에 어떠한 일이 일어나든 자신이 역사상 가장 중요한 우주적 드라마의 일부라는 사실을 알 수 있다. 제대로 심어진 그리스도인은 나약한 사람과는 정반대다. 오히려 그들만이 그 어떤 상황도 당당히 헤쳐 나갈 수 있는 유일한 사람들이다.

이 모든 것이 사실이라면 그다음 질문은 이것이다. "우리는 어떻게 옮겨 심어질 수 있을까?" 먼저 자신의 죄를 깨달아야 한다. 죄를 깨닫는 가장 좋은 방법은 죄의 정의를 살펴보고 그 본질을 기억하는 것이다. 죄란 하나님이 아닌 다른 무언가를 우리의 가장 큰 기쁨, 삶을 지탱하는 안식처, 궁극적인 신뢰의 대상으로 삼는 것이다. 자신에게 "나 정도면 꽤 괜찮은 사람이지"라고 말하며 그냥 넘기지 말라. 스스로에게 물어보라. "나는 마음과 목숨과 힘과 뜻을 다하여 하나님을 사랑하는가? 나는 그분을 온전히 즐거워하는가?"

하나님은 모든 영광과 선과 아름다움과 조화의 근원이시다. 그렇다면 당연히 그분을 다른 무엇보다도 더 사랑해야 하는데, 우리는 그러지 않는다. 오히려 실패에 실패를 거듭할 뿐이다. 이렇듯 죄의 정의를 바로 알고 나면 당신의 문제가 훤히 보일 것이다. 모든 인간처럼 실패자인 자신이 보일 것이고, 그러면 예레미야처럼 하나님께 나아가 "나를 고치소서"라고 구할 수 있다.

그분은 정확히 어떻게 우리를 고치실까? 하나님의 치유를 가능하게 하는 것은 무엇 또는 누구일까? 고금을 통틀어 영적으로 목말라 시든 수많은 영혼이 사막에서 뽑혀 하나님의 강변에 심어졌다. 우리 가운데 있던 많은 사람에게도 하나님의 동일한 은혜가 임했다. 그런데 역사상 단 한 사람만이 본래 강변에 있었는데 거기서 뽑혀 사막에 던져졌으니, 바로 예수 그리스도시다.

사탄은 광야에 홀로 계신 예수님을 왜 유혹했을까? 그 광야야말로 그분이 장차 겪으실 일에 대비한 훈련소였다. 나중에 십자가에 달리셨을 때 그분이 뭐라고 말씀하셨던가? "내가 목마르다"(요한복음 19장 28절). 진짜 광야는 십자가였다. 그때까지 그분은 하나님의 강, 하나님의 은총과 사랑만 아셨다. 그러나 십자가 위에서 예수님의 영혼은 바짝 말라 산산이 부서져 바람에 흩어졌다. 그분은 철저하게 버림받으셨다. 우리를 그 강에 들여보내시려고 그분이 강을 잃으셨다.

많은 그리스도인이 이 이야기를 듣고 이렇게 생각할 수 있다. "이전에 들어 본 내용이네. 이번 장은 나한테는 해당하지 않는 이야기야. 나는 이미 물가에 심겨 있는걸." 그렇다면 다음 질문을 한번 생각해 보라. 평소에 걱정거리가 끊이지 않는가? 불안감에 시달리며 살고 있지는 않은가?

욥기 1-2장에 하나님의 종 욥을 두고 하나님과 사탄이 나누는 대화가 나온다. 욥이 행복하게 살고 있는데 사탄은 "욥이 어찌 까닭 없이 하나님을 경외하리이까"라며 하나님께 따져 묻는다(욥기 1장 9절). 욥이 주님을 의지하긴 하지만, 정작 그가 전적으로 믿고 의지하는 대상은 주님이 **아니라는** 것이다. 사탄의 말대로라면, 하나님이 복을 거두시면 욥은 즉시 그분을 저주하고 말 것이다. 알고 보면 그분을 건성으로 따르는 사람일 테니 말이다.

그러나 하나님이 욥의 삶에 허락하신 모든 시련 속에서 우리는 그가 위선자가 아님을 보게 된다. 욥은 신자였고, 강변에 심겨 있었다. 하지만 그런 욥조차 강에 더 가까이 심겨야만 했다. 강변에 있는 많은 그리스도인 역시 강에 더욱더 가까워져야 한다. 우리 삶에 환멸이나 염려가 조금이라도 남아 있다면, 이는 바로 그만큼 우리가 강에서 멀리 떨어져 있다는 증거다. 그렇다면 우리의 뿌리를 강 쪽으로 더 깊이 뻗으려면 어떻게 해야 할까?

에베소서 3장 17-19절에서 바울은 에베소 교인들을 위해 이렇게 기도한다. "너희가 사랑 가운데서 뿌리가 박히고 터가 굳어져서 능히 모든 성도(단순히 하나님께 속한 이들을 가리킨다)와 함께 지식에 넘치는 그리스도의 사랑을 알고 그 너비와 길이와 높이와 깊이가 어떠함을 깨달아 하나님의 모든 충만하신 것으로 너희에게 충만하게 하시기를 구하노라."

이 구절이 묘사하는 것은 하나의 훈련이자 과정이다. 그리스도인의 성장은 하나님의 사랑에 대해 보고 듣는 것만으로 끝나지 않는다. 바울이 간절히 구한 것처럼, 우리는 하나님과 교제하며 그분의 사랑을 깊이 **누리는** 가운데 그 사랑의 강 쪽으로 우리의 뿌리를 끊임없이 뻗어 나가야 한다.

몇 년 전 나는 기도하며 예수님이 겪으신 목마름을 깊이 묵상했다. 강을 떠나 광야에 내던져지신 그분을 생각했다. 묵상하는 내내 내 의지로는 결코 끌어낼 수 없는 무언가가 느껴졌다. 하나님의 은혜로 그 순간 홍수처럼 밀려오는 그분의 사랑이 느껴졌고, 그 어떤 일도 넉넉히 감당할 수 있을 것 같았다.

예수님의 목마름을 생각할 때 우리의 목마름은 끝이 난다. 우리의 죄를 대신해 자신을 내어 주신 대속의 은혜를 날마다 시간을 내어 묵상해야 한다. 그러지 않으면 우리는 바짝 말라 버리고 말 것이다. 우리 영혼의 뿌리에 꼭 필요한 양분과 수분을 공급받지 못하기 때문이다. 내가 이 내용을 처음 설교했을 때, 나는 두려운 마음으로 잠에서 깼다. 나 자신이 준비되지 않았던 것이다. "나에게 무슨 문제가 있는 걸까?" 불안의 원인을 곰곰이 따져 보니, 그 주간에 나의 뿌리를 강으로 되돌릴 시간을 충분히 갖지 않았기 때문이었다.

나 역시 염려하기에 당신도 염려한다는 것을 안다. 나 역시 자주 두렵기에 당신도 자주 두렵다는 것을 안다. 하지만 하나님이 우리에게 빠져나갈 길을 열어 주신다. 우리는 "사랑 가운데서 뿌리가 박히고 터가 굳어져야" 한다. 우리의 목마름이 사라질 때까지 그리스도의 목마름을 바라봐야 한다. 그분이 행하신 일을 묵상하며 그분과 교제해야 한다. 그분만을 전적인 신뢰의 대상으로 삼아야 한다.

그러면 참된 평안과 참된 용서를 누릴 수 있다. 유일하신 참하나님의 사랑 어린 돌보심을 경험할 수 있다. 요한복음 7장 38절에서 예수님이 말씀하신 것과 같다. "나를 믿는 자는 성경에 이름과 같이 그 배에서 생수의 강이 흘러나오리라." 이것이 우리가 강변에 뿌리내리는 방식이다. 이렇게 강변에 심긴 나무가 될 때 우리는 어떤 가뭄이 닥쳐와도 걱정 없이 맞설 수 있다.

우리 아버지여,

주님이 저를 어디로 부르고 계신지 깨닫게 하소서.

제가 다시 심겨야 한다면,

그 새로운 시작을 주님께 구합니다.

주님, 저도 이렇게 고백하기 원합니다.

"여호와여 주는 나의 찬송이시오니

나를 고치소서 그리하시면 내가 낫겠나이다

나를 구원하소서 그리하시면 내가 구원을 얻으리이다."

아버지, 주님을 신뢰하지 않을 때가 많았습니다.

용서해 주소서.

주님을 제대로 찬송하지 않고 살아왔습니다.

그리하여 온전히 치유되지 못했습니다.

이 진리를 잊지 않게 하시고, 성령을 통해

이 진리를 제 마음에 깊이 새겨 변화되게 하소서.

저를 주님의 강 가까이에 옮겨 심어 주소서.

주님만을 온전히 믿고, 그리스도께서

저를 위해 이루신 일을 굳게 붙들게 하소서.

저를 다시 심으셔서 제 불안과 염려가 씻겨 나가게 하소서.

예수님의 이름으로 기도합니다. 아멘.

5. 죄는 자기 의다

sin as self-righteousness

'선'의 얼굴로 위장한
뒤틀린 열심

요나 2장 1-2절, 2장 7절-3장 5절, 3장 10절-4장 11절

2:1 요나가 물고기 배 속에서 그의 하나님 여호와께 기도하여 2 이르되 …… 7 내 영혼이 내 속에서 피곤할 때에 내가 여호와를 생각하였더니 내 기도가 주께 이르렀사오며 주의 성전에 미쳤나이다 8 거짓되고 헛된 것을 숭상하는 모든 자는 자기에게 베푸신 은혜를 버렸사오나 9 나는 감사하는 목소리로 주께 제사를 드리며 나의 서원을 주께 갚겠나이다 구원은 여호와께 속하였나이다 하니라

10 여호와께서 그 물고기에게 말씀하시매 요나를 육지에 토하니라

3:1 여호와의 말씀이 두 번째로 요나에게 임하니라 이르시되 2 일어나 저 큰 성읍 니느웨로 가서 내가 네게 명한 바를 그들에게 선포하라 하신지라

3 요나가 여호와의 말씀대로 일어나서 니느웨로 가니라 니느웨는 사흘 동안 걸을 만큼 하나님 앞에 큰 성읍이더라 4 요나가 그 성읍에 들어가서 하루 동안 다니며 외쳐 이르되 사십 일이 지나면 니느웨가 무너지리라 하였더니 5 니느웨 사람들이 하나님을 믿고 금식을 선포하고 높고 낮은 자를 막론하고 굵은 베옷을 입은지라 ……

10 하나님이 그들이 행한 것 곧 그 악한 길에서 돌이켜 떠난 것을 보시고 하나님이 뜻을 돌이키사 그들에게 내리리라고 말씀하신 재앙을 내리지 아니하시니라

4:1 요나가 매우 싫어하고 성내며 2 여호와께 기도하여 이르되 여호와여 내가 고국에 있을 때에 이러하겠다고 말씀하지 아니하였나이까 그러므로 내가 빨리 다시스로 도망하였사오니 주께서는 은혜로우시며 자비로우시며 노하기를 더디 하시며 인애가 크시사 뜻을 돌이켜 재앙을 내리지 아니하시는 하나님이신 줄을 내가 알았음이니이다 3 여호와여 원하건대 이제 내 생명을 거두어 가소서 사는 것보다 죽는 것이 내게 나음이니이다 하니

4 여호와께서 이르시되 네가 성내는 것이 옳으냐 하시니라

5 요나가 성읍에서 나가서 그 성읍 동쪽에 앉아 거기서 자기를 위하여 초막을 짓고 그 성읍에 무슨 일이 일어나는가를 보려고 그 그늘 아래에 앉았더라 6 하나님 여호와께서 박 넝쿨을 예비하사 요나를 가리게 하셨으니 이는 그의 머리를 위하여 그늘이 지게 하며 그의 괴로움을 면하게 하려 하심이었더라 요나가 박 넝쿨로 말미암아 크게 기뻐하였더니 7 하나님이 벌레를 예비하사 이튿날 새벽에 그 박 넝쿨을 갉아먹게 하시매 시드니라 8 해가 뜰 때에 하나님이 뜨거운 동풍을 예비하셨고 해는 요나의 머리에 쪼이매 요나가 혼미하여 스스로 죽기를 구하여 이르되 사는 것보다 죽는 것이 내게 나으니이다 하니라

9 하나님이 요나에게 이르시되 네가 이 박 넝쿨로 말미암아 성내는 것이 어찌 옳으냐 하시니 그가 대답하되 내가 성내어 죽기까지 할지라도 옳으니이다 하니라

10 여호와께서 이르시되 네가 수고도 아니하였고 재배도 아니하였고 하룻밤에 났다가 하룻밤에 말라 버린 이 박 넝쿨을 아꼈거든 11 하물며 이 큰 성읍 니느웨에는 좌우를 분변하지 못하는 자가 십이만여 명이요 가축도 많이 있나니 내가 어찌 아끼지 아니하겠느냐 하시니라

지금까지 살펴봤듯이, 죄는 행동의 문제이기 이전에 마음의 태도다. 요나서 메시지가 이 사실을 잘 보여 주는 구체적인 사례다. 요나서 앞부분은 워낙 유명해서 굳이 여기에 다시 싣지 않겠다. 오히려 그 나머지 이야기가 어쩌면 더 중요한데도 앞부분만큼 잘 알려져 있지 않다. 그래서 이번 장에서 요나서 뒷부분을 자세히 살펴보려 한다. 그전에 도입부에서 어떤 일이 일어났는지 잠시만 되짚어 보자.

하나님은 요나에게 니느웨로 가라고 명하신다. "너는 일어나 저 큰 성읍 니느웨로 가서 그것을 향하여 외치라 그 악독이 내 앞에 상달되었음이니라"(요나 1장 2절).

그러나 요나는 도망친다. 주님의 얼굴을 피하려고 다시스로 가는 배에 오른다. 그분이 가라고 하신 곳의 정반대 방향이다. 셀리 로이드 존스의 《스토리 바이블》(*The Jesus Storybook Bible*)에서 이 대목을 표현한 그림이 흥미롭다. 요나가 두 도로 표지판 앞에 서 있는데 하나는 '니느웨'를, 다른 하나는 '니느웨 아닌 곳'을 가리킨다. 자신이 보냄받은 곳만 아니면 행선지가 어디든 상관없었던 것이다.

그다음에 어떻게 되었는지는 이미 많은 사람이 잘 알 것이다. 하나님은 달아나려는 요나에게 노하여 거대한 폭풍을 보내신다. 배가 산산이 부서지기 직전, 요나는 선원들에게 말한다. "나를 들어 바다에 던지라 그리하면 바다가 너희를 위하여 잔잔하리라 너희가 이 큰 폭풍을 만난 것이 나 때문인 줄을 내가 아노라"(12절). 선원들이 요나의 말대로 하자 큰 물고기가 요나를 덥석 집어삼킨다.

요나가 물고기 배 속에서 정신을 차리고 겸손히 드린 기도가 바로 이번 장을 시작한 기도다. 이후에 벌어진 일은 죄의 본질을 적나라하게 보여 준다.

요나는 도덕적이고 정통 신학을 견지한 종교 지도자였다. 그러나 실상 그는 자신이 보냄받은 곳의 방탕한 이교도들보다 더한 죄의 노예였다. 요나 이야기는 죄의 본질과 그 위험성을 여실히 드러낸다는 점에서 더할 나위 없이 중요하다. 그 핵심은 지극히 종교적이고 겉보기에 도덕적인 사람이라 할지라도 신앙이 없거나 회의적인 사람만큼이나 죄에 매여 있을 수 있다는 것이다. 이 사실을 알지 못한다면 우리 역시 죄의 공세에 속절없이 무너지고 말 것이다.

요나 이야기가 죄에 대해 가르쳐 주는 것이 그 외에 또 뭐가 있을까? 먼저, 하나님은 요나에게 찾아오셔서 죄의 **증상들**을 보여 주시며, 그의 마음이 도덕적으로 질서를 잃었다는 두 가지 징후를 지적하신다. 그러고 나서 요나의 죄를 **진단**해 주신다. 끝으로, 하나님은 그 죄를 **치료**해 주신다.

죄의 증상 : 영혼에 대한 냉담함과 분노

요나에게 무언가 문제가 있음을 보여 주는 징후는 두 가지다. 첫 번째는 요나가 니느웨 사람 누구에게도 관심이 없다는 사실이다. 4장 10-11절에서 하나님은 그에게 물으신다. 자신에게 그늘을 만들어 준 식물은 그토록 아끼면서 그 성읍에 사는 12만 명의 사람은 왜 전혀 아끼지 않느냐고 말이다.

10-11절에 "concerned"("아꼈거든", "아끼지")로 번역된 히브리어 단어를 영어로 다 설명하기는 어렵다. 우선 이 단어에는 무언가를 사랑한다는 의미뿐 아니라, 그것 때문에 슬퍼하고 가여워하는 마음이 모두 담겨 있다. 물론 요나는 니느웨 사람들에게 그런 태도를 전혀 보이지 않았다. 그래서 하나님은 그에게 내면을 들여다보며 그 이유를 찾아보라 하신다. 하나님이 그토록 사랑하시는 그 성읍 사람들을 그는 왜 사랑하지 않을까? 왜 수많은 사람과 동물보다 식물 하나에 더 마음을 쏟는 것일까?

요나서 서두에서 하나님은 요나에게 "너는 일어나 저 큰 성읍 니느웨로 가서 그것을 향하여 외치라 그 악독이 내 앞에 상달되었음이니라"라고 말씀하신다(1장 2절). 그분이 그를 보내시는 이유는 니느웨가 점점 더 망가지고 있기 때문이다. 니느웨는 갈수록 포악해지고 있다. 상황이 악화되고 있다.

요나는 니느웨에 가지 않기로 한 자신의 결심을 이런 생각으로 합리화했을 수 있다. "니느웨는 위험한 곳이야. 거기 가서 하나님의 심판을 전하다 나까지 망하면 어쩌려고." 그런 식으로 자신을 속였을 수 있다.

하지만 4장에 이르면 모든 위험이 사라진다. 성읍 사람들이 요나의 말에 귀를 기울인 것이다. 이제 그는 자신이 달아난 본래의 이유를 더는 숨길 수 없게 된다. 자신이 더럽고 끔찍한 이교도들을 증오한다는 사실. 요나는 하나님이 이들에게 조금이라도 자비를 베푸시는 것을 보고 싶지 않았다. 그들을 아끼는 마음이 티끌만큼도 없었다. 하나님은 그런 요나에게 오셔서 어떻게 그 성읍을 사랑하지 않을 수 있느냐고 물으신다. 요나의 마음 깊은 곳이 단단히 잘못되어 있음을 여실히 보여 주는 질문이다.

니느웨를 향한 요나의 감정은 비슷한 상황을 마주할 때마다 이렇게 생각하는 오늘날 대다수 신자의 감정과 같다. "날마다 악해지는 이 도시를 떠나야겠어. 이곳은 점점 더 포악해지고 하나님과 멀어질 뿐이야. 난 여기서 벗어날 거야."

현대 도시 생활의 폐단과 위험을 생각하면 이러한 판단이 자못 논리적인 반응인 것처럼 보이지만, 하나님이 우리에게 맡기신 세계 선교의 관점에서는 전혀 맞지 않는 논리다. 우리의 목표는 그리스도의 소식을 최대한 멀리까지 전하고 최대한 많은 사람에게 다가가는 것이다. 그렇다면 복음을 들어야 할 사람들로 가득한 도시야말로 하나님의 백성이 가장 머물러야 할 곳이 아니겠는가? 도시가 악해질수록 우리가 그곳으로 가야 할 이유는 더욱 분명해진다.

도시를 생각하는 당신의 논리와 그 도시를 대하는 당신의 마음은 요나와 하나님 중 어느 쪽에 더 가까운가? 본문에서 하나님이 친히 말씀하셨듯이, 절실하게 하나님을 만나야 할 사람들로 가득한 도시를 목도하면서도 그들을 향해 아무런 마음이 생기지 않는다면 이는 그리스도인으로서 앞뒤가 맞지 않는 일이다. 길 잃은 영혼들을 향한 사랑이 우리 안에도 넘쳐흘러야 마땅하지 않겠는가?

요나서 4장에 등장하는 박 넝쿨 이야기에서 이 사실이 명확하게 드러난다. 식물을 키워 본 사람이라면 누구나 식물에 얼마나 깊은 애착을 가질 수 있는지 잘 안다. 사랑으로 가꾸던 식물이 죽으면 마음이 아픈 법이며, 이는 지극히 정상적인 반응이다. 다만 하나님이 지적하시는 것은 요나가 스러져 가는 수많은 사람의 생명보다 시든 식물 하나에 더 슬퍼한다는 사실이다. 이는 논리적으로 전혀 앞뒤가 맞지 않는 일이다. 요나의 마음이 이성을 잃고 비합리적으로 작동하고 있는 것이다. 이것이 그의 죄를 보여 주는 첫 번째 증상이다.

요나의 두 번째 증상은 분노다. 하나님이 두 번에 걸쳐 그에게 나타나 이 문제를 지적하신다. 4장 4절에서 "네가 성내는 것이 옳으냐"라고 물으시고, 9절에서도 또 물으신다. 두 번째 물으셨을 때 요나는 "내가 성내어 죽기까지 할지라도 옳으니이다"라고 대답한다. 영혼이 분노로 들끓어 삶의 의욕마저 완전히 잃고 만 것이다. 하나님은 곧 이 격분을 바로잡으신다.

여기서 짚고 넘어갈 점이 두 가지 있다. 첫째, 분노 자체가 반드시 죄는 아니다. 의로운 분노도 있다. 하나님도 크게 진노하실 때가 있고, 예수님도 이 땅에서 사실 때 분노하셨다. 지금 본문의 관건은 분노 자체가 아니다.

둘째, 삶에 대한 절망 또한 반드시 죄라고 할 수는 없다. 예를 들어 욥은 극도로 괴로웠고 몸의 고통도 심했다. 그런 상황에서 "죽고 싶다"고 말한 것은 충분히 이해가 가는 반응이다. 아울러 사람은 생리적·화학적 원인이나 호르몬 영향으로도 우울감에 빠질 수 있다. 하지만 요나의 경우는 이와는 다르다.

요나가 보인 분노와 절망은 모두 죄가 맺은 열매였다. 하나님은 요나가 처한 상황에 비해 그가 쏟아 내는 분노와 절망의 강도가 지나치다고 지적하신다. 그는 왜 이토록 분노에 **사로잡혀** 있는가? 어째서 삶의 의욕을 모조리 잃고 말았는가? 이 질문들에 하나씩 답하다 보면, 요나가 지은 죄의 본질이 무엇인지 드러난다.

쉼 없이 '자기 의'를 뿜어내는 마음

유능한 상담자가 그러하듯 하나님은 요나 스스로 자기 증상을 진단하게 하시지만, 정작 요나는 전혀 깨닫지 못하는 듯하다. 하나님이 성읍에 내리려던 재앙을 거두시자 요나는 이렇게 아뢴다. "여호와여 내가 고국에 있을 때에 이러하겠다고 말씀하지 아니하였나이까 그러므로 내가 빨리 다시스로 도망하였사오니 주께서는 은혜로우시며 자비로우시며 노하기를 더디 하시며 인애가 크시사 뜻을 돌이켜 재앙을 내리지 아니하시는 하나님이신 줄을 내가 알았음이니이다"(요나 4장 2절).

요나는 지금 이렇게 말하고 있다. "이래서 제가 처음부터 이곳에 오고 싶지 않았던 겁니다. 하나님이 이러실 줄 알았기에 제 마음이 이토록 참담한 겁니다. 하나님이 은혜로우시다는 것을 너무나 잘 알고 있었으니까요."

"은혜로우시며"로 번역된 히브리어 단어 "헤세드"는 하나님의 구원하시는 사랑을 가리킨다. 그 구원하시는 사랑을 하나님이 의롭고 종교적인 이스라엘 백성에게만 아니라 더러운 이교도인 적국에까지 베푸시니, 요나는 그게 못마땅하다는 것이다. 그 이교도들의 세력이 워낙 막강해지던 터라, 만일 그들이 먼저 망하지 않는다면 이스라엘을 멸망시킬 수도 있었다. 요나는 그들도 자신처럼 똑같이 구원받을 수 있다는 사실에 분개했다.

여기서 드러난 죄의 핵심은 '자기 의'(self-righteousness)
다. 오늘날 영어권에서 "righteous"(의롭다)라는 단어를 접
하면 대개 도덕적이고 독실하지만 자신이 남보다 더 낫다
고 자부하는 사람을 떠올리기 쉽다. 하지만 성경은 이 단
어를 그런 부정적인 방식으로 사용하지 않는다. 사실 성경
은 모든 사람이 의를 구한다고 가르친다. 왜일까? 의는 수
치의 반대이기 때문이다. 우리는 누구나 옳은 사람이 되고
싶어 한다.

의를 구한다는 것은 어떤 대상을 바라보며 이렇게 생
각하는 것이다. "이것만 있으면 나는 옳은 사람이 될 수 있
어. 이것이 나를 가치 있는 존재로 만들어 줄 거야. 이것이
내게 의미와 자신감을 줄 거야." 물론 이러한 것들을 참으
로 주실 수 있는 분은 하나님뿐이다. 하지만 우리 모두는
하나님이 아닌 다른 무언가를(그것이 선한 것이든 악한 것이
든) 우리의 자신감과 자랑거리와 의로 삼는다. 요나는 히
브리인이라는 자신의 신분에 의지했다. 자신에게 '참하나
님'이 있다는 점을 내세운 것이다. 그가 참되신 하나님을
예배한 것은 맞지만, 그것까지도 자아상을 구축하는 데 이
용했다. 그는 자기 의에 사로잡혀 있었다.

스스로 생각하기에 요나는 제대로 살고 있었고 하는
일마다 옳았다. 그런 행동과 신념이 자신에게 의미를 준다
고 생각했지만, 이는 철저하게 요나의 오산이었다. 예를
들어 나라와 민족을 사랑하는 것은 좋은 일이다. 이스라엘

사람으로서 하나님의 말씀을 알고 그분을 따르며 그분의 은총을 입은 요나가 거기에 자부심을 느낀 것까지는 좋다. 그러나 그는 이런 자의식을 우상화한 나머지 다른 민족이 하나님의 은총을 입는 것을 보고는 소망을 잃었다. 죽고 싶을 만큼 절망과 분노에 빠졌다.

무언가를 잃고 나서 자신이 아무것도 아닌 것처럼 느껴진다면, 당신이 잃은 그것이 당신의 전부였다는 뜻이다. 사실상 그것이 당신의 구원이었다. 요나가 자살하고 싶었던 이유는 심리적 붕괴를 겪었기 때문이다. 그의 자아상은 온통 다른 문화와 종교에 대한 도덕적 우월감에 기초해 있었다.

하나 더 주목할 것이 있다. 요나서는 이상하게 갑자기 끝이 난다. 하나님이 요나를 잃지 않으려고 그의 죄를 깨우쳐 주시면서 글이 급작스럽게 마무리된다. 그것도 질문으로 말이다.

왜 이렇게 끝이 날까? 이야기가 말하려는 요점이 우리도 다 요나라는 데 있기 때문이다. 본문의 질문을 하나님은 요나에게만 아니라 **우리 모두에게** 던지신다.

요나의 문제가 우리에게도 똑같이 있다. 우리 마음의 문제는 무엇일까? 요나처럼 인종을 차별하거나 국익을 우상으로 삼지는 않을 수 있다. 하지만 그 의를 어디서 얻든지 우리 모두는 뼛속까지 자기 의에 빠져 있는 존재들이다. 몇 년 전 조지 횟필드의 설교를 읽은 뒤로 설교하고 사역하는 방식과 내 삶을 돌아보는 방식이 달라졌다. '은혜의 수단'이라는 제목의 설교에서 휫필드는 그리스도인이 되려면 두 가지를 해야 한다고 말한다. 우선 자신의 죄를 회개해야 하지만 거기까지는 바리새인들도 했으니 그것만으로 부족하다. 아울러 자신의 의도 회개해야 한다.

휫필드는 자기 의가 "우리 마음에서 치워야 할 마지막 우상"이며, 먼저 그것을 치워야만 그리스도인이 될 수 있다고 말한다. "마음의 교만이 예수 그리스도의 의에 복종하지 못하게 만들기 때문"이다. 그의 설교는 이렇게 이어진다. 우리가 하나님의 말씀에 불순종할 때뿐만 아니라 그분께 **순종할 때조차** 스스로 자신의 구원자가 되려 한다는 사실을 깨닫기 전까지는, 진정한 의미의 그리스도인이 아니라는 것이다.[1]

규율을 지키고 자신의 공로에 의지하여 스스로를 구원하려는 성향을 인식하지 못한다면, 그리스도인이 되려는 노력은 미완에 머문다. 아무리 죄를 회개하고 또 회개해도 늘 무언가 겉도는 기분만 든다. 자신이 하나님을 정말로 아는 것 같지도 않고, 요나처럼 마음에는 늘 분노와 절망이 가득할 것이다.

구원이 온전히 주님께 속한 것임을 잊어서는 안 된다. 요나도 2장 끝에서 이를 깨달은 것 같다. 하나님이 그를 물고기 배 속에서 내보내시기 전에 그는 "거짓되고 헛된 것을 숭상하는 모든 자는 자기에게 베푸신 은혜를 버렸사오나”라고 기도한다(8절). 하나님이 이스라엘 백성에게만 아니라 이방의 우상 숭배자에게도 똑같이 은혜를 베푸신다는 것을 이 순간에 그도 깨달은 것이다. 니느웨 시궁창의 가장 비천한 사람이나 예루살렘의 가장 점잖은 시민이나 길을 잃은 영혼이기는 모두가 마찬가지다. 종교가 있든 없든, 불순종해서든 순종해서든 우리는 다 구주이자 주님이신 하나님께 저항한다. 이렇게 부족한 우리인지라 순전히 은혜로만 구원받아야 한다.

요나는 이것을 다 깨닫고도 금방 잊어버렸다. 요나서의 메시지는 이것이다. 우리가 물고기 배 속에서 나와 진정한 그리스도인이 되려면 자기 의를 인정하고 하나님께 소망을 두어야 한다. 즉, 이렇게 고백해야 한다. “주님, 예수님의 은혜로만 저를 구원해 주소서.” 그런데 우리는 이 사실을 자꾸 잊어버린다.

아무리 기를 써도 우리 마음은 금세 분산되어 다른 무언가로 차 있을 때가 많다. 하나님과 다른 무언가를 겸하여 섬기면서 그것이 자신을 구원해 주리라 기대하는 것이다. 우리는 이래저래 자기 의에 사로잡히면서도 이를 깨닫지 못한다. 그래서 그리스도인으로서 성장하려면, 하나님이 우리가 미처 보지 못한 자기 의를 새로운 방식으로 계속해서 들추어내 주셔야 한다. 우리는 눈을 떠서 우리 내면에 여전히 활개 치고 있는 이 자기 의를 직시해야 한다. 그러려면 어떻게 해야 할까? 요나에게서 자기 의의 징후들을 살펴보고, 그 기준을 자신에게 적용해 보라. 그가 보인 자기 의의 징후는 세 가지다.

첫 번째는 이미 살펴본 대로, 하나님이 아닌 다른 것을 잃었을 때 행복은 물론이고 삶의 의지마저 잃는 것이다. 영화 〈불의 전차〉(Chariots of Fire)에서 해럴드 에이브러햄즈는 자신이 올림픽 육상 경기에 출전하려고 훈련하는 동기를 "고독한 10초에 내 전 존재가 걸려 있다"는 말로 설명한다.[2] 금메달만 따면 마침내 자신도 중요한 존재가 되리라 생각한 것이다.

에이브러햄즈처럼 대놓고 말하지는 않을지라도 당신이 자신만의 경주를 위해 훈련하는 목적 역시 스스로를 구원하기 위해서다. 이 사실을 깨닫지 못한다면 당신은 자신의 마음을 전혀 모르는 것이다.

오래전 한 여성이 내게 그것을 이렇게 표현했다. 행복의 조건으로 예수 그리스도 외에 무언가를 더하면, 그것이 요나에게 그랬듯이 우리 목을 조여 온다는 것이다. 우리가 그것을 섬기려 할수록 그것은 우리를 감정 기복과 혼란에 빠뜨린다. 그것을 잃으면 죽고 싶을 만큼 화나기까지 한다. 원래 우리는 두 주인을 섬길 수 없다.

자기 의의 두 번째 징후는 요나가 그러했듯, 우리 역시 아파하는 이들에게 위로가 되어 주지 못한다는 점이다. 곁에 고통당하는 이들이 있어도 우리는 그들에게 소망을 전하기는커녕 오히려 우월감에 젖는다. 그리스도인은 자신의 이런 태도를 인식하는 것이 매우 중요하다. 도시인들이 특히 더 그러하다.

내가 처음 뉴욕으로 이사 왔을 때 한 여성이 찾아왔다. 그녀는 자신이 그리스도인이 아니라고 밝혔고, 내가 알기로는 끝내 그리스도인이 되지 않았다. 그녀는 이전에도 그리스도인들과 대화해 본 적이 있었다. 그녀는 하룻밤에 1,000달러를 받는 성매매 종사자였는데, 그리스도인들에게 그 사실을 말할 때마다 돌아온 반응은 기껏해야 절망과 당혹감에 찬 침묵뿐이었다. 아무도 그녀에게 소망을 말해 주지 못했다. 최악의 경우, 그녀는 자신을 내려다보는 그들의 우월감을 알아챌 수 있었다. 그들은 "어떻게 사람이 그런 일을 할 수 있지?" 하고 의아해하는 기색을 내비쳤다.

뉴욕 같은 대도시로 이주하는 그리스도인 중에는 대개 형편이 넉넉한 중산층 출신이 많다. 만일 그들이 이 여성 같은 사람과 마주했을 때 절망감이나 불쾌감, 혐오감, 우월감밖에 들지 않는다면, 이는 곧 자신을 '은혜가 빚어낸 기적'으로 여기지 않는다는 뜻이기도 하다. **말로는** 자신이 '은혜로 구원받은 죄인'이라고 고백할지 모르지만, 실상은 하나님이 나 같은 죄인을 구원하시려 친히 낮아지셨다는 그 황송한 사실을 전혀 기적으로 실감하지 못하는 것이다.

대놓고 말하든 속으로만 생각하는 우리는 이 여성 같은 이들에게 이렇게 말하고 있는 셈이다. "나는 그리스도인이지만, 당신과 당신이 짊어진 그 모든 짐은 나와 전혀 상관없는 일입니다." 하지만 틀렸다. 그들은 우리와 결코 다르지 않다. 하나님이 요나에게 깨우쳐 주시려는 사실이 바로 이것이다.

그리스도인은 요나가 그랬던 것처럼 저 넓은 세상 속으로 들어가 사람들과 마주해야 한다. 우리에게는 우리 안의 자기 의와 바리새인 같은 태도를 드러내 줄 '니느웨 사람들'이 필요하다. 요나가 **그들**에게 은혜에 대해 한마디라도 건넬 수 있으려면 그 전에 먼저 그들을 통해 은혜가 무엇인지 알아야만 했던 것처럼, 우리 역시 **그들**에게 복음을 보여 줄 수 있으려면 우리에게 복음을 먼저 일깨워 줄 니느웨와 같은 장소가 필요하다.

우리가 여전히 자기 의로 충만하다면 고통 중에 있는 사람들은 자신의 고민과 문제를 놓고 우리와 대화하려 들지 않을 것이다. 기껏해야 절망감만 들고 최악의 경우에는 업신여김을 당할 테니 말이다. 하나님이 요나와 우리에게 하시는 말씀이 바로 이것이다. 우리가 누구이고 어떻게 살아왔고 지금 어떤 상태인지를 기적 같은 은혜의 복음을 통해서 본다면, 사람의 문제가 너무 커서 하나님의 은혜에 걸림돌이 된다고 생각할 일은 없다는 것이다.

하나님은 구제 불능의 죄인들을 사랑하신다. 우리 같은 사람을 만나러 내려오신다. 그분은 미련한 자를 택하여 지혜 있는 자를 부끄럽게 하시고, 멸시받는 자를 택하여 교만한 자를 부끄럽게 하시며, 약한 자를 택하여 강한 자를 부끄럽게 하신다(고린도전서 1장 27-28절). 그것이 바로 그분이 니느웨 사람들을 보실 때 그 마음이 사랑으로 불붙듯 하신 이유다. 비록 그들이 악할지라도 그분은 각양각색의 사람을 보시면서, 그들의 삶을 구원하여 그들과 함께 놀라운 일을 하기 원하신다. 주변의 아파하는 이들에게 이같은 소망을 품고 겸손히 존중하는 태도로 다가가지 않는다면, 우리 역시 자기 의에 사로잡혀 있는 것이다.

마지막으로, 자기 의의 가장 결정적인 징후는 자신에게 자기 의의 문제가 없다고 생각하는 점이다. 스스로가 얼마나 자기 의로 가득한지 직시할수록 실제로는 그 영향력에서 벗어나지만, 자신만은 예외라고 생각할수록 오히려 그 상태에 더 깊이 빠져들게 된다.

자신에게는 자기 의의 문제가 전혀 없다고 생각한다면, 당신은 이미 그것에 완전히 지배당하고 있는 것이다. 어쩌면 물고기 배 속, 곧 당신이 처했던 어떤 역경을 돌아보며 "그때는 깨달았는데 지금은 잊어버렸다"라고 말할지도 모른다. 그리스도인은 자신의 마음을 자기 의의 수원으로 봐야 한다. 거기서 온종일 쉬지 않고 자기 의가 솟구쳐 나온다.

왜 우리는 대개 비판을 견디지 못하는가? 왜 비판받으면 잔뜩 낙심하는가? 비판이 우리의 자아상을 무너뜨리기 때문이다. 흔히 우리는 자아상에 기초해 의를 쌓아 올리는데, 비판이 자아상이라는 그 토대를 흔들기 때문에 불행해지는 것이다. 우리가 타인을 비판할 때 상대가 공격받는다고 느낀다면, 이 또한 우리의 자기 의 때문일 수 있다. 우월감에 젖은 사람은 결코 겸손하게 상대를 바로잡아 줄 수 없기 때문이다. 사실 비판하려는 마음 자체가 이미 자기 의의 산물일 수 있다. **나 말고는 아무도 옳지 않다**는 신경질적인 고집이 우리의 동기일 수 있다.

우리는 자기 의를 늘 경계해야 한다. 그리스도인은 언제 어디서나 이 점을 살펴야 한다. 자기 의의 문제야말로 모든 문제의 뿌리이며, 우리가 하는 모든 행동 이면에 도사린 본질적인 문제다. 그 실체를 더 분명히 볼수록 그 지배에서 벗어날 수 있지만, 보지 못할수록 그만큼 더 그것에 휘둘리게 된다.

나 대신 진노의 폭풍 속에 던져지신 예수

자기 의의 치료제는 물론 하나님의 은혜다. 우리는 구원이 그분께 속한 것임을 알아야 한다. 지구상 그 어떤 종교도 이렇게 말하지 않는다. 시궁창 속 가장 비천한 사람이나 세상에서 가장 도덕적이고 반듯한 시민이나 똑같이 길을 잃었으며, 똑같이 은혜가 필요하고, 오직 은혜로만 구원받을 수 있다. 기독교 말고는 이렇게 말하는 종교가 없고, 이러한 계시들은 우리의 자기 의에 치명타를 날린다. 하나님은 우리에게 이 은혜라는 치료제를 어떻게 처방하실까? 첫째, **끊임없이** 주신다. 둘째, **고통스러운 방식으로** 주신다. 셋째, **사랑으로** 주신다.

첫째, 하나님은 은혜를 끊임없이 주신다. 평생에 걸쳐 그분은 우리를 쉬지 않고 찾아오신다. 그분이 끊임없이 우리의 주의를 끌어 말씀해 주셔야만 한다. 우리가 복음을 또 잊었노라고 말이다. 그리스도인의 삶이란 바로 그 이야기가 수없이 반복되는 과정이다. "물고기 배 속에서 깨달은 것을 나는 박 넝쿨 앞에서 잊어버렸고, 그 박 넝쿨 아래서 다시 깨달았다."

요나가 박 넝쿨 앞에서 그 사실을 기억해 냈음을 우리는 어떻게 알 수 있을까? 이야기의 대미를 장식하는 하나님의 질문이 요나를 정신 차리게 했음을 어떻게 확신할까? 바로 요나서가 있기 때문이다. 오직 그리스도인만이, 오직 은혜로 구원받았음을 아는 사람만이 자신을 이토록 형편없게 묘사하는 이야기를 세상에 내놓을 수 있다. 하지만 내가 확실히 말할 수 있는 게 또 있다. 요나가 비록 박 넝쿨 아래서 깨달음을 얻었을지라도, 나중에는 다시 잊어버렸으리라는 사실이다. 그래서 하나님이 날마다 우리에게 다시 찾아오셔서 거듭 일깨워 주셔야 한다.

그분이 우리에게 들려주시는 말씀의 요지는 이것이다. "네가 권태를 느끼는 이유, 방어적인 태도를 보이는 이유, 두려워하는 이유, 원망을 품는 이유, 남을 공격하는 이유, 도망치려는 이유는 내가 아닌 다른 무언가를 네 구주로 삼으려 하기 때문이다. 오직 나만이 네 구주가 될 수 있는데 너는 나 아닌 다른 것을 네 지혜와 의와 거룩함과 구원으로 삼고 있다.” 실제로 그분은 몇 번이고 거듭해서 우리에게 말씀해 주신다. 결코 지치시는 법이 없다.

둘째, 하나님은 은혜를 고통스러운 방식으로 주신다. 요나가 사랑하던 것, 즉 아끼던 박 넝쿨을 그분은 거두어 가신다. 때로 우리도 우리 자신이 의지하던 대상을 잃어야만 비로소 내면의 자기 의를 직시한다. 본문에 보면 박 넝쿨은 벌레에게 갉아 먹히다가 하나님이 보내신 동풍에 날려 산산이 흩어진다.

18세기 영국의 목사 존 뉴턴은 이 본문을 소재로 〈주께 성장을 구했네〉(I Asked the Lord That I Might Grow)라는 찬송 시를 썼다. 가사를 보면 그는 자신이 성장하여 주님을 더 닮게 해 달라고 간절히 기도한다. 그런데 응답 대신, 오히려 삶의 모든 영역이 송두리째 흔들리기 시작한다.

주께서 친히 고난을 더해

이처럼 나를 낮추시니

나의 선한 뜻 모두 꺾이고

박 넝쿨도 다 시들도다.

벌레 같은 날 죽이시려나
부르짖는 내게 이르시되
"네가 구하는 은혜와 믿음에
나 이렇게 응답하노라.

내면의 시련을 통해 너를
자아와 교만에서 해방하리니
늘 바라던 세상 즐거움 대신
내기 너의 전부가 되리라."

끝으로, 하나님은 은혜를 사랑으로 주신다. 요나를 타이르시는 하나님을 보면 조금의 노여움도 섞여 있지 않다. 오히려 너그럽게 대하시며 온유하게 물으신다. "네가 성내는 것이 옳으냐." 우리가 누군가에게 질문을 던질 때도 그 목적이 단지 잘못을 지적하는 데 있어서는 안 되며, 상대가 올바른 해법을 찾도록 돕는 데 초점을 두어야 한다.

하나님은 왜 크게 화를 내지 않으실까? 요나가 다시 스로 가는 배에 올랐을 때는 그분이 노하여 폭풍을 보내셨는데 말이다. 답은 여기 있다. 먼 훗날 자기 의로 충만한 바리새인 무리 앞에 서서 이렇게 말씀하신 분이 있다. "심판 때에 니느웨 사람들이 일어나 이 세대 사람을 정죄하리니 이는 그들이 요나의 전도를 듣고 회개하였음이거니와 요나보다 더 큰 이가 여기 있으며"(마태복음 12장 41절).

바리새인들은 예수님께 그분이 메시아임을 증명해 줄 표적을 구했다. 그러자 그분은 요나의 표적밖에는 보일 표적이 없다고 대답하셨다.

예수님의 이 말씀은 요나가 하나님의 진노를 상징하는 폭풍 속에 던져져 배 안에 있는 모든 사람을 구원했듯이, 자신도 하나님의 진노라는 진정한 폭풍 속에 던져지리라는 뜻이었다. 예수님은 우리의 죗값을 대신 치르시느라 하나님의 공의가 몰아치는 그 실제적인 폭풍 한가운데 던져지셨다. 우주의 저 아득한 심연에까지 내려가셨다. 그곳에서 완전히 찢기고 상하셨으며, 그리하여 배 안의 우리 모두를 구원하셨다.

예수님의 메시지는 이것이다. 당신이 예수님을 통해 하나님께 나아가 "제게 은혜를 베풀어 주소서"라고 아뢰면, 하나님은 당신에게 결코 노하시지 않는다. 요나보다 더 크신 예수님이 여기 계시기 때문이다. 그분이 폭풍 속에 던져지신 덕분에 이제 하나님은 우리에게 다가오셔서 온유하게 말씀하실 수 있다. "너를 위해 준비한 내 은혜를 언제쯤 보겠니? 여기 내 사랑에 힘입어 네가 참으로 자유로워질 수 있는 길이 있다."

이것이 바로 하나님이 요나에게 행하신 일이다. 그분은 은혜라는 치료제로 그의 죄를 치료해 주셨다. 그리고 당신에게도 똑같이 해 주실 수 있다.

자기 의에서 치유되기 위한 기도

아버지, 주님의 식탁은 스스로 의롭다고

생각하는 이들을 위한 자리가 아니라

자신이 죄인임을 아는 이들을 위한 자리임을 고백합니다.

이제 제가 주님 곁에 나아가 앉아

주님의 온유한 질문에 귀 기울이게 하시고,

제 안에 가득한 자기 의를 버려 진정 자유의 삶을 살게 하소서.

저의 선함을 증명하려는 노력을 이제 그만두겠습니다.

주님을 저의 구주로 받아들입니다.

제가 복음을 잊어버릴 때마다

주님의 은혜를 다시금 일깨워 주소서.

예수님의 이름으로 기도합니다. 아멘.

6. 죄는 나병이다 Ⅰ

sin as leprosy

내 힘으로 살 수 있다는
고집스러운 자만심

열왕기하 5장 1-19절

1 아람 왕의 군대 장관 나아만은 그의 주인 앞에서 크고 존귀한 자니 이는 여호와께서 전에 그에게 아람을 구원하게 하셨음이라 그는 큰 용사이나 나병 환자더라

2 전에 아람 사람이 떼를 지어 나가서 이스라엘 땅에서 어린 소녀 하나를 사로잡으매 그가 나아만의 아내에게 수종 들더니 3 그의 여주인에게 이르되 우리 주인이 사마리아에 계신 선지자 앞에 계셨으면 좋겠나이다 그가 그 나병을 고치리이다 하는지라

4 나아만이 들어가서 그의 주인께 아뢰어 이르되 이스라엘 땅에서 온 소녀의 말이 이러이러하더이다 하니 5 아람 왕이 이르되 갈지어다 이제 내가 이스라엘 왕에게 글을 보내리라 하더라 나아만이 곧 떠날새 은 십 달란트와 금 육천 개와 의복 열 벌을 가지고 가서 6 이스라엘 왕에게 그 글을 전하니 일렀으되 내가 내 신하 나아만을 당신에게 보내오니 이 글이 당신에게 이르거든 당신은 그의 나병을 고쳐 주소서 하였더라

7 이스라엘 왕이 그 글을 읽고 자기 옷을 찢으며 이르되 내가 사람을 죽이고 살리는 하나님이냐 그가 어찌하여 사람을 내게로 보내 그의 나병을 고치라 하느냐 너희는 깊이 생각하고 저 왕이 틈을 타서 나와 더불어 시비하려 함인 줄 알라 하니라

8 하나님의 사람 엘리사가 이스라엘 왕이 자기의 옷을 찢었다 함을 듣고 왕에게 보내 이르되 왕이 어찌하여 옷을 찢었나이까 그 사람을 내게로 오게 하소서 그가 이스라엘 중에 선지자가 있는 줄을 알리이다 하니라 9 나아만이 이에 말들과 병거들을 거느리고 이르러 엘리사의 집 문에 서니 10 엘리사가 사자를 그에게 보내 이르되 너는 가서 요단강에 몸을 일곱 번 씻으라 네 살이 회복되어 깨끗하리라 하는지라

11 나아만이 노하여 물러가며 이르되 내 생각에는 그가 내게로 나와 서서 그의 하나님 여호와의 이름을 부르고 그의 손을 그 부위 위에 흔들어 나병을 고칠까 하였도다 12 다메섹 강 아바나와 바르발은 이스라엘 모든 강물보다 낫지 아니하냐 내가 거기서 몸을 씻으면 깨끗하게 되지 아니하랴 하고 몸을 돌려 분노하여 떠나니

13 그의 종들이 나아와서 말하여 이르되 내 아버지여 선지자가 당신에게 큰일을 행하라 말하였더면 행하지 아니하였으리이까 하물며 당신에게 이르기를 씻어 깨끗하게 하라 함이리이까 하니 14 나아만이 이에 내려가서 하나님의 사람의 말대로 요단강에 일곱 번 몸을 잠그니 그의 살이 어린아이의 살같이 회복되어 깨끗하게 되었더라

15 나아만이 모든 군대와 함께 하나님의 사람에게로 도로 와서 그의 앞에 서서 이르되 내가 이제 이스라엘 외에는 온 천하에 신이 없는 줄을 아나이다 청하건대 당신의 종에게서 예물을 받으소서 하니

16 이르되 내가 섬기는 여호와께서 살아 계심을 두고 맹세하노니 내가 그 앞에서 받지 아니하리라 하였더라 나아만이 받으라고 강권하되 그가 거절하니라

17 나아만이 이르되 그러면 청하건대 노새 두 마리에 실을 흙을 당신의 종에게 주소서 이제부터는 종이 번제물과 다른 희생 제사를 여호와 외 다른 신에게는 드리지 아니하고 다만 여호와께 드리겠나이다 18 오직 한 가지 일이 있사오니 여호와께서 당신의 종을 용서하시기를 원하나이다 곧 내 주인께서 림몬의 신당에 들어가 거기서 경배하며 그가 내 손을 의지하시매 내가 림몬의 신당에서 몸을 굽히오니 내가 림몬의 신당에서 몸을 굽힐 때에 여호와께서 이 일에 대하여 당신의 종을 용서하시기를 원하나이다 하니

19 엘리사가 이르되 너는 평안히 가라 하니라

열왕기하 5장에 아람(시리아) 사람 나아만의 이야기가 나오는데, 이 이야기의 모든 부분이 중요하다. 이 기사는 성경 전체를 통틀어 죄의 본질과 그 치유를 가장 선명하게 보여 주는 대표적인 사례다. 나아만은 모든 것을 갖춘 인물이었다. "크고 존귀한 자"였으며 수많은 전공을 세워 드높은 영예를 얻은 큰 부자였다. 하지만 그런 그에게 나병이 있었다.

나병은 성경에서 죄를 설명할 때 비유로 자주 쓰이는 질병이다. 당시에는 이와 상관없는 다른 많은 피부 질환도 나병으로 불리곤 했지만, 실제 나병은 가차 없이 진행되어 몸을 기형으로 만들었고, 마땅한 치료법도 없었다. 사람을 극한으로 고립시키는 치명적인 병이었다. 나아만이 바로 그 병에 걸려 있었다. 그의 삶은 여러 면에서 완벽해 보였으나, 무언가가 그를 서서히 갉아먹고 있었다.

고대 그리스인은 삶의 비극적인 속성을 일찍이 간파했다. 사실 '비극'(tragedy)이라는 예술 형식도 그들이 만들어 낸 것이다. 당시의 비극은 성공해서 존경받는 위대한 인물일지라도 치명적인 결점이 있다는 이야기가 주를 이루었다. 그 결점은 교만이나 질투, 자제력 부족, 비겁함, 진실을 부정하는 태도 등이었다. 하지만 이런 결점은 오이디

푸스와 안티고네에게만 있는 것이 아니다. 그런 이야기의 이면에 인생을 바라보는 깊은 통찰이 깔려 있다. 우리의 삶이 아무리 대단해 보이고 우리가 아무리 근사해 보일지라도, 인간은 누구나 문제가 있다는 것이다.

나아만 이야기에서 드러나는 결점은 바로 마음의 나병이다. 상황이 아무리 좋아 보여도 죄는 우리 삶을 비극으로 전락시킨다. 하나님이 개입하시지 않는 한 반드시 그렇게 된다. 나아만의 삶에 일어난 일이 바로 그것이었다. 히나님은 그의 마음속에 있는 나병과 그것을 치유할 방법을 보여 주셨다.

본문의 가르침을 세 가지 주제로 나눌 수 있다. 이 이야기가 우리에게 말해 주는 바는 다음과 같다. 나아만에게 정말 치료가 필요한 부분은 어디인가? 이 치료의 성격은 무엇인가? 끝으로, 그가 치유**되었다**는 사실을 어떻게 알 수 있는가?

더 시급하고 더 중요한 치료

본문이 우리에게 보여 주듯이, 나아만의 주된 문제는 사실 나병이 아니다. 복음서에서 병자가 예수님을 찾아오면 그분은 문제를 두 가지 차원에서 다루실 때가 많다. 친구들이 지붕을 뚫고 중풍병자를 아래로 달아 내렸을 때 예수님은 병을 고치러 온 그 병자에게 이렇게 말씀하신다. "작은 자야 네 죄 사함을 받았느니라"(마가복음 2장 5절).

중풍병자와 친구들은 그 말을 들으려고 지붕까지 뜯은 게 아니다. 친구들은 아픈 친구가 병을 털고 일어나 걸을 수 있기를 원했다. 그런데 예수님은 그 문제부터 다루지 않으신다. 그분이 그의 질병에 관심이 없으신 것이 아니다. 예수님은 우리 몸의 고통을 **가슴 아파하시며**, 종국에는 이 병자의 고통도 해결해 주신다. 다만 그보다 먼저 그의 죄부터 말씀하신다. 그에게 더 중요한 것을 깨우쳐 주시려는 것이다. "작은 자야, 네 몸도 내가 고쳐 줄 것이다. 하지만 너의 가장 큰 문제가 무엇인지 아니? 정말 너를 죽이는 게 무엇인지 아니? 바로 네 마음의 죄다."

여기서 주의할 점이 있다. 예수님이 성경 곳곳에서 밝히셨듯이, 어떤 사람의 병이 더 중한 이유는 다른 사람보다 죄가 더 많아서가 아니다. 사람들이 그분께 특정인이 맹인이거나 고난을 당하는 게 다른 사람보다 죄가 많아서인지 묻는 장면이 복음서에 몇 번 나오는데, 그때 예수님은 아니라고 답하신다. 누가복음 13장에서 망대가 무너져 치어 죽은 열여덟 사람을 거론하실 때 그분은 그들의 죄가 더 많아서 그런 일을 당했다는 개념을 배제하신다. 그러면서도 "너희도 만일 회개하지 아니하면 다 이와 같이 망하리라"라고 덧붙이신다(5절). 예수님의 이 말씀은 세상이 망가진 원인이 대체로 배후의 진짜 문제인 죄에 있다는 것이다. 눈에 보이는 문제는 보이지 않는 문제의 결과다. 망가진 삶을 계기로 당신의 눈이 뜨여 이면에 감춰진 망가진 마음을 볼 수 있다면, 그거야말로 하나님이 당신을 은혜와 구원으로 인도하시는 통로가 될 수 있다.

하나님이 나아만을 다루시는 방식도 그와 동일하다. 본문을 읽으면서 주목할 점이 하나 있다. 엘리사의 집 문 앞까지 온 나아만을 하나님이 즉시 고쳐 주실 수도 있었다는 것이다. 나아만이 기대했던 대로 엘리사가 손을 흔들어 나병을 깨끗하게 고칠 수도 있었다. 그런데 번번이 그에게 돌아온 것은 그를 낮추는 퇴짜와 거부였다. 그가 약 340킬로그램의 은과 약 68킬로그램의 금을 가지고 왔는데도 엘리사는 직접 문간에 나와 그를 맞이하지도 않는다. 엘리사가 사자를 보내 말하자 나아만은 분노하여 그 자리를 뜬다.

왜 이렇게 빙 돌아가게 하실까? 하나님이 다루시려는 것이 다름 아닌 나아만의 교만과 자만심이기 때문이다. 그분은 나아만에게 이렇게 말씀하신다. "나아만아, 너를 갉아먹고 있는 것은 네 몸에 난 나병이 아니라 네 마음의 나병이다. 네가 받을 마음만 있다면 겉의 나병을 계기로 속의 나병까지 고칠 수 있다. 너를 영원히 죽일 수 있는 죄와 교만을 고치는 것이다."

나아만의 나병은 곧 교만이었고, 그에게 내려진 처방은 거듭해서 자신을 낮추는 것이었다. 이는 비난 나아만만의 문제가 아니다. 우리 각자의 마음속에도 교만과 자만심이 자라나고 있다. 이것들이 나병처럼 우리를 집어삼킨다. 우리의 지혜를 무너뜨리며, 사랑할 능력을 파괴한다.

이런 역동을 보여 주는 평범하면서도 강력한 예화를 들은 적이 있다. 어느 목사가 영국의 두 기숙 학교에서 설교를 부탁받았다. 매번 그는 설교 후에 학생들에게서 질문을 받는 시간을 가졌다.

첫 번째 기숙 학교 학생들의 태도는 한마디로 건방졌다. 목사가 전한 메시지에는 전혀 관심이 없었다. 정보나 지혜를 얻으려는 진지한 질문 대신 "가인은 누구와 결혼했나요?"처럼 목사가 답하지 못할 것 같은 질문을 던지며 그를 골탕 먹이려 했다. 그들의 태도는 이렇게 확실히 못 박은 셈이다. "이보세요, 산다는 게 뭔지 우리도 아니까 굳이 당신에게 들을 말은 없어요."

이어 목사는 두 번째 기숙 학교로 갔다. 그곳 학생들은 첫 번째 학교 학생들만큼, 혹은 그보다 더 총명했지만 안타깝게도 모두 뇌성 마비를 앓고 있는 아이들이었다. 목사는 "이 질환의 증상을 조금이라도 아는 이들은 짐작하겠지만, 대개 질문 하나를 입 밖으로 내뱉는 데만도 고통스럽게 몇 분씩 걸렸다"고 당시를 회고했다.

이 목사는 두 학교 사이에 엄청난 차이가 있다고 전했다. "뇌성 마비를 앓고 있는 학생들이 복음에 훨씬 마음이 열려 있었다거나 믿음이 더 좋았다는 뜻이 아니다. 실제로 그들이 던지는 몇몇 질문은 아주 신랄했다. '하나님은 왜 내게 이런 일이 일어나도록 내버려두셨나요?' 같은 질문이 대표적이다. 그들이 결정적으로 달랐던 점은 자만하지 않았다는 것이다. 첫 번째 학교 아이들에게서 보였던 그 특유의 건방짐이 없었다. 그들은 세상이 자기 마음대로 되는 곳이 아님을 알았을 뿐만 아니라, 그 누구에게도 그렇게 만만한 곳이 아니라는 사실을 잘 알고 있었다. 삶은 고단하다. 살아간다는 것, 그리고 그 삶이 던지는 문제들은 실로 깊고도 난해하다. 그리하여 이 아이들은 의미란 무엇인지, 운명이란 무엇인지, 우리는 왜 죽는지 같은 본질적인 질문들을 파고들길 원했다."

그는 문득 우리 모두가 태어날 때부터 첫 번째 학교 학생들과 다를 바 없다는 사실을 깨달았다. 그런 자세는 숨쉬기만큼이나 자연스럽다. 우리는 '나만으로 충분하다'는 자만심 속에 성장하며 이렇게 생각한다. "아무도 나한테 이래라저래라 하지 마. 내가 알아서 해. 내 힘으로 충분히 살아갈 수 있어." 하지만 어떤 계기로든 이런 태도가 우리 안에서 꺾이지 않는 한 그 자만심은 결국 우리를 파멸로 몰아가게 되어 있다.

두 번째 기숙 학교 아이들은 고난을 몸소 겪었기에 첫 번째 학교 아이들처럼 얄팍하지 않았다. 교만하지 않으니 피상적일 수 없었다. 그들은 망가진 삶 앞에 고개를 숙여야 함을 알았다. 겉으로 드러난 신체적 깨어짐이 오히려 그들로 하여금 깊은 영적 질문들을 대면하게 한 것이다.

교만은 어떻게 사랑과 지혜를 말살하는가? "내 힘으로 살아갈 수 있어"라고 말하는 알량한 자아상을 고이 간직하려 하기 때문이다. "아니, 네 힘으로 살아갈 수 없어"라고 말하는 정보는 적어도 스무 살 때까지는 차단된다. 내가 알기로 마흔 살 무렵까지도 그럴 것이다. 우리는 자아상을 세워 주는 정보만 받아들이며, 그 결과 지혜가 흐려진다. 사랑도 고갈된다. 교만한 사람은 자신에게 이익이 돌아오는 만큼만 남을 사랑할 수 있기 때문이다. 이렇게 우리는 진실을 외면한다. 자신의 한계를 인정할 수밖에 없을 정도로 아주 미련한 사고를 치기 전까지는 그렇다.

이런 내면의 고질병인 나병을 우리 모두가 지니고 있으며, 이는 반드시 치료되어야 한다. 문제는 어떻게 치료할 것이냐다.

충격적인 복음의 치료 방식

앞서 살펴봤듯이 하나님이 나아만을 다루시는 방식은 번번이 그에게 모욕감을 준다. 그분은 나아만의 교만을 꺾으시고 자존감을 뿌리째 허물고자 하신다. 하나님의 치료는 늘 그렇게 시작된다. 복음이 우리에게 임하는 방식도 나아만에게 임한 방식과 똑같다. 처음에는 모욕감뿐이다. 늘 이런 식으로 시작된다.

복음은 일단 자아상을 무너뜨린다. 복음이 결국 우리에게 주는 자아관은 우리가 품을 수 있는 그 어떤 자의식보다도 훨씬 위대하지만, 처음에는 그렇게 다가오지 않는다. 내가 단어를 **자아상**(self-image)에서 **자아관**(self-view)으로 바꾼 데 주목하라. 자아상은 거의 언제나 우리가 지어내 품는 것이지만, 복음이 보여 주는 우리의 참자아는 복음 없이는 가히 꿈도 꿀 수 없을 만큼 경이롭고 영광스러운 존재다. 복음이 행하는 껄끄러운 작업을 우리가 순순히 받아들인다면 말이다.

궁전을 새로 지으려면 먼저 현장에 있던 기존 잔해부터 말끔히 치워 없애야 한다. 그 과정에 고통이 따를 수 있다. 복음은 우리의 교만을 철저히 무너뜨리기에 복음의 요구에 응하려면 모멸감이 들 수밖에 없다. 복음의 겉을 한입 베어 물면 쓰지만 속은 한없이 달다.

복음을 통한 치료에는 나아만 같은 이교도가 받아들이기 아주 힘든 세 가지 원리가 있다. 각 원리는 자신과 인생에 대한 그의 낡고 교만한 사고방식에 반기를 들었다. 그는 2천 몇 백 년 전의 이교도이고 우리는 오늘을 사는 현대인이지만, 두 시대의 신념은 굉장히 공통점이 많다.

첫째, 나아만은 치료법이 생각보다 너무나 쉽고 단순해서 몹시 언짢았다. 열왕기하 5장 10절에서 엘리사의 사자는 그에게 그저 "요단강에 몸을 일곱 번 씻으라 네 살이 회복되어 깨끗하리라"라고 말한다. 이교도들은 종교적 구원이 복잡하고 극적일수록 좋아했고 당연히 그로 인한 감동을 기대했다. 당시의 모든 이교에 그런 특성이 있었고 지금도 마찬가지다. 신비의 인물이 근사하게 옷을 차려입고 복잡한 의식을 거행하며 뜻 모를 주문을 외우는 식이다.

단적인 예로 모차르트의 오페라 〈마술피리〉(The Magic Flute)를 보면 이교도가 종교를 어떻게 생각했는지 알 수 있다. 이집트 신비 종교에 기초한 이 오페라의 절정 부분에서 주인공 가운데 타미노와 파미나는 구원을 얻기 위해 네 가지 시련을 통과해야 한다. 이들은 공기, 흙, 불, 물을 거치며 시련을 극복하고 점차 해방을 향해 나아간다. 제목이 암시하듯, 그들에게는 조력자가 되어 줄 마술피리가 있으며, 서로에 대한 사랑의 힘과 마음속 용기, 그리고 사제들이 전해 준 정교한 지침들이 함께한다.

나아만도 그러한 여정을 예상했다. 그가 기대한 대로라면 이스라엘의 가장 중요한 인물 가운데 하나인 엘리사가 거창하게 그를 영접해 환부 위에 손을 흔들며 기적 같은 완치를 선언해야 한다. 그런데 엘리사가 사자를 통해 나아만에게 명한 일은 고작 목욕이었다. 나아만은 "에이, 너무 간단하잖아. 그냥 씻고, 회개하고, 믿기만 하라고? 어이가 없군. 무언가 더 있어야지"라고 생각한다. 하지만 여기서 더는 없다. 그게 전부다.

현대인도 이교도와 아주 비슷하다. 뉴에이지 사고방식을 포함해서 각종 사이비 종교가 여전히 성행하는 이유가 무엇일까? 접근법이 아주 신비로운 데다 대개 복잡한 과정을 수반하기 때문이다. 세밀한 지침, 극적인 상황, 지나친 선동이 그 과정에 혼합되어 있어 사람을 도취하게 만든다. 시련을 통과해 높은 경지에 이르려는 타미노와 파미나처럼 말이다.

반면에 엘리사는 단지 "너는 가서 …… 씻으라"고 말한다. 나도 사람들에게 복음의 기본 메시지를 설명했다가 "그건 너무 쉽잖아요"라는 반응을 들은 적이 얼마나 많은지 모른다. 나이만처럼 그들도 지극히 단순한 복음에 무멸감을 느낀다.

둘째, 나아만은 치료가 단순하고 거저라서 언짢았다. 본문을 잘 보면 알겠지만 나아만의 종들은 그가 화난 진짜 이유가 그것임을 알았다. 종들은 엘리사의 집을 떠나려는 그에게 다가가 "선지자가 당신에게 큰일을 행하라 말하였더면 행하지 아니하였으리이까"라고 말한다(열왕기하 5장 13절). 다시 말해서 엘리사가 나아만에게 포로를 구출하거나 괴물을 죽이는 등의 대업을 명했다면 그는 모욕감이 들지 않았을 것이다.

나아만이 보지 못하는 것을 종들은 본다. 나아만은 하나님을 구원의 파트너로 삼으려 한다. 하나님께 호의를 베풀어 그분의 호의를 사려 한다. 나아만이 원한 것은 자비가 아니라 대등한 맞교환이다. 관계가 아니라 상거래다. 보다시피 그는 왕의 친서까지 가져왔다. 화려한 인맥을 내

세워 하나님과 엘리사에게 잘 보이려는 것이다.

그는 보물도 잔뜩 실어 왔다. 자신 덕분에 부자가 될 수 있음을 알면 선지자는 물론이고 하나님까지도 자신을 치료해 줄 **수밖에** 없으리라 생각한 것이다. 자신이 하나님의 성전을 전국에서 가장 부유한 곳으로 만들어 줄 테니 말이다. 그뿐만 아니라 그는 민첩하고 강하기가 비할 데 없는 최정예 군인이기도 하다. 무엇이든 할 준비가 되어 있는 용맹한 사람이다.

그래서일까, 그는 하나님의 지시가 단순하고 거저인 것에 심한 모욕감을 느낀다. 온갖 전설과 영웅담에서, "내가 어떻게 해야 구원받겠소?"라는 주인공 말에 모두가 열광한다는 것을 그도 잘 안다. 이때 주어지는 답은 늘 무언가 위대한 업적을 달성하거나 용 따위를 죽이는 것이다. 예컨대 헤라클레스는 열두 가지 불가능한 임무를 수행해야 한다.

엘리사가 "서쪽 악한 마녀의 빗자루를 가져오라"고 했다면 나아만도 "이제야 말이 통하는군" 하고 대꾸했으리라. 그러나 실제로는 "목욕? 그거라면 바보라도 할 수 있잖아"라는 생각만 든다. 돈도 용맹도 없고 그렇다고 착하거나 바르지 않아도 아무나 값없이 구원받을 수 있다는 게 그로서는 불만이다. 사실 그는 "내가 갖춘 이 대단한 조건들이 하나도 중요하지 않다고요? 그것으로 하나님의 치료를 사거나 얻어 내거나 끌어낼 수 없다고요? 정말 다 소용없단 말입니까?"라고 물은 셈이고, 엘리사는 "다 소용없다"고 답한 셈이다.

나아만이 분노하여 떠난 이유는 먼 훗날 바울이 로마서 3장 22-23절에 설명한 원리를 그가 엘리사의 말을 통해 깨달았기 때문이다. "거기에는 아무 차별이 없습니다. 모든 사람이 죄를 범하였습니다. 그래서 사람은 하나님의 영광에 못 미치는 처지에 놓여 있습니다"(새번역).

바울이 지적하듯이 하나님의 치료에 관한 한, 가장 점잖은 시민이든지 최악의 상습범이든지 차별이 없다. 그런데 이교도와 현대인 모두 이렇게 되묻는다. "어떻게 그렇게 말할 수 있단 말인가?" 우리 각자의 마음속에 예외 없이 교만이라는 나병이 도사리고 있으니 그럴 만도 하다.

종교가 있는 사람은 교만하기에 이렇게 생각한다. "나는 신앙생활을 잘하고 있으니까 웬만한 사람보다 낫지. 하나님도, 삶도, 다른 사람들도 내게 갚아야 할 빚이 있어." 나아만처럼 그들은 하나님을 구원의 파트너로 삼으려 한다. "제가 하나님께 잘해 드렸으니 하나님도 제게 잘해 주셔야 합니다." 이것이 그분을 대하는 그들의 태도다.

반면에 종교가 없는 사람은 교만하기에 이렇게 생각한다. "나는 신이 하라는 대로는 절대 못 해. 아무도 나한테 어떻게 살라고 말할 수 없어. 뭘 하든 다 내 맘이야. 내가 곧 내 종교이고 내 도덕이라고."

이 두 가지 태도가 서로 다르지 않다. 양쪽 다 그들의 구주와 주인은 바로 자신이다. 양쪽 다 영적 나병에 걸려 있고, 그 나병이 그들의 지혜와 사랑을 좀먹는다. 당신이 누구이고, 누구와 아는 사이이며, 어떻게 살아왔고, 얼마나 부자인지 같은 건 중요하지 않다. 아무 차별이 없다.

셋째, 나아만은 치료의 방법이 배타적이어서 언짢았다. 그의 말을 잘 보라. "다메섹 강 아바나와 바르발은 이스라엘 모든 강물보다 낫지 아니하냐 내가 거기서 몸을 씻으면 깨끗하게 되지 아니하랴"(열왕기하 5장 12절). 치료책을 오로지 하나의 강에 국한하는 것이 참으로 어처구니없고 편협하다는 것이다. 어차피 누구나 차별 없이 거저 받는 치료라면 왜 다른 데서는 안 되는가? 왜 본국의 강에서는 안 되는가?

이 부분에서도 현대인의 생각은 이교도의 생각과 똑같다. 이교도가 구약의 메시지에 반발하듯이, 현대인은 신약의 메시지에 반발한다. 이교도는 민족마다 신이 있으니 구원에 이르는 길도 다양하다고 봤다. 배타적 개념을 싫어하기는 현대인도 마찬가지다. 왜 예수님을 통해 하나님께 가는 것만이 구원의 **유일한** 길인가? 왜 꼭 **이** 강이어야 하는가?

그러나 복음이 단순하고 거저인 **이유**는 바로 그것이 배타적이기 때문이다. 복음이 배타적이지 않다면 단순하지도, 거저일 수도 없다. 이 세 가지 속성은 하나로 맞물려 있다. 그렇지 않으면 복음의 주장은 무너지고 만다. 어떻게 배타성 덕분에 구원이 누구에게나 열려 있을 수 있을까? 오늘날 성경의 이야기에 대한 흔한 반응을 예로 들어 보자. "구원받기 위해 꼭 그리스도인이 되어야 한다고 생각하지 않아요. 선한 사람이라면 누구나 구원받을 수 있다고 믿습니다. 자기 관리에 철저하고, 바르게 살며, 선과 진리를 추구하는 사람이라면 말이죠. 정말로 구원을 간절히 구하는 사람이라면 누구나 구원받을 겁니다."

이 말이 무슨 뜻인지 아는가? 구원이 더는 단순하지 않으며 물론 서서도 아니라는 뜻이다. "신에게 가는 길은 다양하다"고 말할 수 있으려면 "선하게 살아야 높은 경지에 도달할 수 있다"고 말해야만 한다. 은혜의 개념 자체를 부정해야 한다. 게다가 이런 신념에도 배타성이 숨어 있다. 말로는 누구나 구원받을 수 있다지만, 사실은 자기네 기준의 도덕과 선과 진리에 부합하지 못하는 사람을 모두 배제하기 때문이다.

'선한 사람'이 천국에 갈 수 있다면 도덕적 흠이 있는 사람은 어떻게 되는가? 인생을 망치고 죽음을 앞둔 사람은 어떻게 되는가? 버릇없는 아이는 어떻게 되는가? 언뜻 너그러워 보이는 이 세계관조차도 약자와 악인보다 강자와 선인 쪽으로 치우쳐 있다. 반면에 복음은 선인이든 악인이든 강자든 약자든 겸손하기만 하면 누구나 하나님께 나아올 수 있다고 말한다. 기독교 복음의 배타성은 곧 겸손해야 한다는 뜻이다.

누구나 마음 깊이 알듯이 인간의 문제를 해결하려면 무언가 큰 조치가 필요하다. 그것을 나아만도 알았고 오늘날의 우리도 다 안다. 그런데 우리 가운데 많은 사람이 그 큰 조치를 스스로 취하려 한다. 타인에게 친절을 베풀거나 그들을 포용할 때, 꼭 맞는 직장을 얻거나 부자가 될 때, 자신의 성적 욕망을 마음껏 실현할 때, 세상에 충분한 사랑을 전하거나 올바른 정치적 대의를 지지할 때 비로소 자신이 온전해질 것이라고 믿는 것이다. 그러나 그리스도인은 기꺼이 이렇게 말하는 사람이다. "내 힘으로는 결코 구원에 이를 수 없지만, 나를 **위해** 이미 큰일을 이루신 분이 계신다. 나를 구원하시려고 그분이 공기와 흙과 불과 물을 통과하셨다."

출애굽기 15장에서 하나님의 백성이 독이 든 물에 이르렀을 때, 한 나무를 잘라 물에 던지니 마실 만한 물이 됐다. 하나님은 "나는 너희를 치료하는 여호와임이라"라고 말씀하셨다(26절). 예수님도 나무처럼 베어져 하나님의 정의 속에 던져지셨다. 우리가 못하는 큰일을 그분이 대신 이루셨다. 훗날 예수님은 제자들에게 "내가 마시는 잔을 너희가 마실 수 있으며 내가 받는 세례를 너희가 받을 수 있느냐"라고 말씀하셨다(마가복음 10장 38절).

이사야 53장 5절에 보면 "그가 채찍에 맞으므로 우리는 나음을 받았도다"라고 했다. 우리의 나병이 예수님께 전가됐다. 그분이 상하셨기에 우리가 온전해졌다.

하나님을 집사가 아닌 주인으로 모시는 삶

나아만은 결국 주어진 지시에 따라 강에 들어갔다. 그때 심정이 어땠을까? 당장 "바로 이거지"라고 말했을 리는 없다. "이해도 안 되고 내가 미쳤을 수도 있지만 한번 해 보자" 하고 생각했으리라. 그러자 무언가 달라졌다. 복음이 통했다. 여태 느낀 모든 모욕감이 그를 한순간에 낮추기 시작했다. 이윽고 그가 다시 물에서 나오자, 그의 살이 어린아이의 살결처럼 흠 없이 깨끗해졌다. 이 얼마나 복음을 잘 보여 주는 장면인가!

하나님의 구원을 **얻어 내려** 하기보다 그저 그대로 믿고 **받아들이면**, 즉시로 당신은 하나님 보시기에 마치 죄를 한 번도 짓지 않은 것처럼 흠 없이 깨끗하고 순결해진다. 당신이 어떻게 살아왔고 얼마나 비뚤어지거나 망가져 있든 상관없다. 나아만의 살도 더없이 깨끗해졌다. 그뿐만 아니라 그의 내면까지 달라졌다. 영적 나병이 치유됐거나 적어도 치유되기 시작한 것이다. 그것을 어떻게 알 수 있을까?

그의 교만이 꺾였음을 보여 주는 네 가지 징후가 있다. 첫째, 그의 생각이 변했다. 그리스도인의 체험이란 우리의 사고방식을 넘어서는 그 무엇이다. 신비로운 체험이지만 그 체험이 전부는 아니다. 나아만의 세계관이 달라졌으며 이성이 깨어났다. 특정 개념들이 이제 그에게 설득력 있게 다가왔다. 다신론자인 그가 엘리사에게 돌아가 "내가 이제 이스라엘 외에는 온 천하에 신이 없는 줄을 아나이다"라고 시인했다(열왕기하 5장 15절).

"글쎄, 내 관점은 달라지지 않았지만 살다 보면 하나님이 느껴지는 것도 같아." 이런 식의 말은 그리스도인의 말이 아니다. 복음은 막연한 신비 체험 이상이다. 하나님과 자신에 대한 기본 진리를 있는 그대로 깨달아야 한다. 나아만처럼 우리도 사고가 깨어나야 한다.

둘째, 나아만은 지극히 너그러워졌다. 치료된 즉시 엘리사에게 자진해서 예물을 주려 했다. 교만한 사람은 계속 축적해야 마음이 놓인다. 자꾸 더 끌어모아 자아상을 구축해야 한다. 그러나 그리스도를 따르면 삶의 흐름이 "네가 내게 준다"에서 "내가 네게 준다"로 완전히 뒤바뀐다. 내 것인 줄 알았던 것들이 더는 내 소유가 아니라 다른 사람을 축복할 기회로 보인다. 돈만 아니라 시간, 에너지, 나머지 모든 것에서도 지극히 너그러워진다면, 이는 그 사람이 제대로 회심했다는 징후다.

셋째, 나아만은 종이 됐다. 실제로 엘리사에게 자신을 종이라 칭했다. 이런 심경 변화와 거기에 함축된 의미를 다음 장에서 더 깊이 살펴볼 것이다. 여기서는 간단히만 짚고 넘어가자. 나아만은 하나님이 자신의 주인이라고 고백했다(17절).

하나님께 호의를 베풀어 그분의 호의를 사려고 그분

을 따른다면, 당신은 그분을 주인이 아니라 파트너로 대하는 것이다. 서로 갚아야 할 빚이 있는 셈이다. 이런 생각대로라면 하나님이 당신에게 무언가를 요구하시는 데도 한계가 있다.

하나님이 모든 것을 우리에게 순전히 은혜로 주셨다면, 우리가 그분께 순종하는 데 한계나 조건이 있을 수 없다. 무엇 하나라도 우리의 행위나 공로로 얻어 낸 게 아니라면, 그분이 우리에게 무슨 요구든 하실 수 있다. 그분은 우리의 파트너가 아니라 주인이시다.

고양이를 사랑하는 이들에게 결례가 될지 모르겠으나, 고양이와 개의 차이점에 대해 이야기해 보려 한다. 개에게는 주인이 있다. 개가 나오는 영화들을 보면, 주인이 곤경에 처해 개에게 "가서 도와 달라고 해!"라고 외치면 개는 어김없이 도와줄 누군가를 찾아 데려온다.

우리 집에도 가족 모두가 무척 사랑하는 고양이가 있지만 이것만은 분명하다. 만일 고양이 앞에서 내 다리가 부러져 내가 "가서 도와 달라고 해!"라고 말한다면 고양이는 나를 빤히 보면서 "내가?"라고 말할 것이다. 개에게는 주인이 있지만, 고양이에게는 집사가 있을 뿐이다. 고양이는 당신이 필요할 뿐 절대로 당신을 섬기지는 않는다.

하나님은 당신의 주인이신가, 아니면 집사인가? 당신에게 그분이 꼭 필요할 수 있지만 그것만으로 부족하다. 고양이도 자기가 우리 없이는 절대 살 수 없음을 안다. 문제는 이것이다. 당신은 하나님이 당신에게 요구하실 수 있는 것에 제한을 두는가? 그렇다면 당신은 그분의 종이 아니다. 회심의 징후는 마음에 감사가 넘쳐 모든 제한이 사라지는 것이다.

아이작 와츠는 1707년에 지은 찬송가 〈주 달려 죽은 십자가〉(When I Survey the Wondrous Cross)에서 이렇게 고백한다.

온 세상 만물 가져도
주 은혜 못다 갚겠네.
놀라운 사랑받은 나
몸으로 제물 삼겠네.

놀랍게도 나아만은 엘리사에게 상당량의 이스라엘 흙을 자기 나라에 가져가게 해 달라고 청했다. 돌아가 왕을 섬겨야 하는 그는 자신이 왕을 수행하여 림몬의 신당에 들어가 몸을 굽힐 것을 알았다. 그래서 그 부분에 대해 엘리사에게 양해를 구했다.

나아만은 기꺼이 조국과 민족을 향한 의무를 다하겠지만, 그의 종이 바로 옆에서 이스라엘 흙을 들고 있다가 바닥에 그 흙을 깔 것이다. 이렇게 나아만은 자신이 무릎 꿇을 때 림몬에게 기도하는 게 아님을 모두에게 알릴 것이다. 이스라엘의 하나님 외에 다른 신에게는 결코 제사를 드리지 않을 것이다.

넷째로, 나아만은 하나님이 누구에게나 차별 없이 은혜를 베푸신다는 것을 깨달았다. 그가 회심했음을 보여 주는 이 마지막 증거는 매우 중요하다. 잘 보면 그는 엘리사에게 이렇게 말하지 않았다. "나는 그 끔찍한 이교도들에게 돌아가고 싶지 않습니다. 가면 나까지 더럽혀질 겁니다. 당신과 나는 하나님을 알지만 그들은 하나님을 모르니까요."

자칭 그리스도인이라는 사람들 중에도 그렇게 생각하는 이가 많다. 그들의 태도는 이렇다. "나는 세상으로 나가고 싶지 않다. 직장, 시장, 학교 그 어디든 세상 속으로 들어가고 싶지 않다. 그냥 나처럼 믿는 그리스도인들 곁에만 머물고 싶다. 세상에 오염되고 싶지 않다." 과연 이런 태도를 가진 이들이 나아만처럼 자신의 교만을 치유받은 적이 있는지 의문이다.

나아만은 이전보다 더 제대로 민족을 사랑하고 왕을 보필하도록 하나님이 자신을 준비시켜 주셨음을 깨달았다. 다만 그는 자신의 애국과 충성이 정말 누구를 위한 것인지를 늘 모두에게 알릴 것이다. 유일하신 참하나님을 섬길 뿐 아니라 어떻게든 기회를 마련해 그분의 증인이 될 것이다.

오늘날의 그리스도인도 하나님의 은혜에 그와 같은 비전으로 반응해야 한다. 구원받은 후에 그냥 세상에서 물러나 기쁜 소식을 우리만 알고 있어서는 안 된다. 그거야 말로 우리가 복음을 아예 모른다는 증거다. 왜 복음을 믿고 왜 이렇게 사는지를 주변 사람들에게 알리지 않고 비겁하게 끼리끼리만 모여 있다면, 우리는 전혀 하나님을 따르는 게 아니다. 그분께 참으로 감사한 것도 아니다.

치료받은 나아만은 볼썽사납고 교만하게 고자세를 취하지 않지만, 그렇다고 비겁하지도 않다. 모든 아람 사람 앞에서 살아가면서 그들에게 누가 참된 신인지를 알리기로 결단한다. 그의 태도에는 일말의 타협도 없다. "나의 하나님을 높이면서 조국을 사랑해 보리라. 그러다 사람들 눈 밖에 나도 괜찮다. 어차피 나는 이스라엘의 하나님 외에 다른 신에게는 결코 제사를 드리지 않을 것이다."

당신이 그리스도인이라는 사실을 아예 발설조차 못하게 막는 사람이 오늘날에도 곳곳에 많을 것이다. 당신이 겸손하게 친절과 사랑을 베푸는데도 말이다. 그들은 당신을 입막음하거나 따돌리거나 심지어 박해할 수 있다. 그래도 우리는 회심한 사람의 네 가지 징후를 잊어서는 안 된다. 우리는 늘 사고가 깨어 있어야 한다. 지극히 너그러워야 한다. 종이 되어야 한다. 그리고 기꺼이 우리의 전 존재와 가진 모든 것을 하나님의 뜻에 온전히 내드려야 한다. 공적인 영역이든 사적인 영역이든, 우리 삶의 모든 차원이 하나님의 성품에 일치해야 한다.

어쩌면 이 이야기를 다 듣고도 당신은 여전히 자신이

복음이 말하는 것만큼 나쁘지는 않다고 생각할 수 있다. 모든 인간이 죄인이며 오직 하나님 아들의 죽음을 통해서만 구원받을 수 있다는 생각이 시대에 뒤떨어진 발상처럼 느껴질 수 있다. 스스로 충분히 잘 살 수 있다고 믿는 것이다. 그렇다면 당신에게 이 점을 일깨우고 싶다. 나아만은 인간이 꿈꿀 수 있는 최고의 삶을 누렸지만, 몸뿐 아니라 마음까지 나병이 갉아먹고 있었다. 나병이 그의 삶 전체를 망가뜨렸듯이 당신 마음의 영적 나병도 결국 당신의 삶을 망가뜨릴 것이다.

당신도 그렇게 믿는다면, 혹은 이미 그런 일이 실제로 일어나는 것을 보았다면, 당신에게 말해 주고 싶은 것이 있다. 당신이 얼마나 깊이 죄에 물들었든 상관없다. 당신이 과거에 무엇을 했는지도 중요하지 않다. 단순하고 값없이 주어지는 치유가 있다. 회개하고 믿으라.

혹시 당신이 신앙을 드러내며 살 마음이 없다면 나아만의 사례를 기억하라. 그가 기어이 이스라엘의 흙을 외부 세계로 가져갔듯이 우리도 어디든 은혜의 복음을 들고 나아가야 한다. 그것이 나아만에게는 상징적인 일이었으나 우리에게는 실제다.

나아만에 대해 예수 그리스도께서 친히 설교하신 것을 아는가? 당시의 청중은 그 설교를 알아듣고 그분을 죽이려 했다. 고향 나사렛의 회당에서 말씀하실 때 예수님은 누가복음 4장 27절 말씀으로 설교를 맺으셨다. "또 선지자 엘리사 때에 이스라엘에 많은 나병 환자가 있었으되 그중의 한 사람도 깨끗함을 얻지 못하고 오직 수리아 사람 나아만뿐이었느니라." 회당에 있던 모든 사람이 이 말씀 때문에 그분을 낭떠러지에서 밀쳐 떨어뜨리려 했다. 왜 그랬을까? 그분의 말씀이 "유일하신 참하나님은 너희의 하나님만이 아니라 **모든 사람**의 하나님이시니라"라는 뜻이기 때문이다.

은혜를 믿고 예수님을 따르면 우리의 교만이 스러지고 마음의 나병이 치료된다. 이제 다른 사람에게 관심을 갖고 섬기며 베풀게 된다. 우리가 복음을 통해 발견한 놀라운 진리를 그들도 알 수 있도록 말이다. 우리가 받은 바로 그 구원을 그들에게도 가리켜 보이는 것이다.

겸손을 구하는 기도 I

하나님 아버지,

제 '교만'과 '주님 없이도 괜찮다고 여기는 마음'을

고칠 길에 대해 깊이 생각할 시간을 주셔서 감사합니다.

나아만 이야기에 담긴 진리를

제 삶의 다양한 영역에서 살아 낼 수 있도록

주님의 은혜를 제 마음에 부어 주소서.

제 삶과 주님을 향한 제 태도 속에서

진징한 회심의 증거가 온전히 드러나지 않는 부분이 있다면

그 부분이 어디인지 보여 주소서.

저의 죄를 깨닫게 하시며,

제 영혼이 주님을 얼마나 절실히 필요로 하는지 깨닫게 하소서.

제 안에 종의 마음을 더해 주시고,

주님만을 제 삶의 참된 주인으로 모시게 하소서.

제 마음이 주님을 모르는 세상 사람들에게 향하게 하소서.

그들에게 주님의 은혜를 나타내게 하소서.

이 진리들이 제 삶 가운데 실제가 되게 하시고,

성령의 도우심으로 이 말씀들을 마음에 간직하며

계속 묵상하게 하소서.

예수님의 이름으로 기도합니다. 아멘.

7. 죄는 나병이다 Ⅱ

sin as leprosy

세속의 방식으로
근본적 답을 찾는 미련한 갈구

열왕기하 5장 1-3, 19-27절

1 아람 왕의 군대 장관 나아만은 그의 주인 앞에서 크고 존귀한 자니 이는 여호와께서 전에 그에게 아람을 구원하게 하셨음이라 그는 큰 용사이나 나병 환자더라

2 전에 아람 사람이 떼를 지어 나가서 이스라엘 땅에서 어린 소녀 하나를 사로잡으매 그가 나아만의 아내에게 수종 들더니 3 그의 여주인에게 이르되 우리 주인이 사마리아에 계신 선지자 앞에 계셨으면 좋겠나이다 그가 그 나병을 고치리이다 하는지라 ……

19 그가 엘리사를 떠나 조금 가니라 20 하나님의 사람 엘리사의 사환 게하시가 스스로 이르되 내 주인이 이 아람 사람 나아만에게 면하여 주고 그가 가지고 온 것을 그의 손에서 받지 아니하였도다 여호와께서 살아 계심을 두고 맹세하노니 내가 그를 쫓아가서 무엇이든지 그에게서 받으리라 하고

21 나아만의 뒤를 쫓아가니 나아만이 자기 뒤에 달려옴을 보고 수레에서 내려 맞이하여 이르되 평안이냐 하니

22 그가 이르되 평안하나이다 우리 주인께서 나를 보내시며 말씀하시기를 지금 선지자의 제자 중에 두 청년이 에브라임 산지에서부터 내게로 왔으니 청하건대 당신은 그들에게 은 한 달란트와 옷 두 벌을 주라 하시더이다

23 나아만이 이르되 바라건대 두 달란트를 받으라 하고 그를 강권하여 은 두 달란트를 두 전대에 넣어 매고 옷 두 벌을 아울러 두 사환에게 지우매 그들이 게하시 앞에서 지고 가니라 24 언덕에 이르러서는 게하시가 그 물건을 두 사환의 손에서 받아 집에 감추고 그들을 보내 가게 한 후 25 들어가 그의 주인 앞에 서니 엘리사가 이르되 게하시야 네가 어디서 오느냐 하니 대답하되 당신의 종이 아무 데도 가지 아니하였나이다 하니라

26 엘리사가 이르되 한 사람이 수레에서 내려 너를 맞이할 때에 내 마음이 함께 가지 아니하였느냐 지금이 어찌 은을 받으며 옷을 받으며 감람원이나 포도원이나 양이나 소나 남종이나 여종을 받을 때이냐 27 그러므로 나아만의 나병이 네게 들어 네 자손에게 미쳐 영원토록 이르리라 하니 게하시가 그 앞에서 물러나오매 나병이 발하여 눈같이 되었더라

앞 장에서 배웠듯이 나아만 이야기의 전반부에는 죄의 본질과 치료에 대한 핵심이 잘 드러나 있다. 이번 장에서 살펴볼 나아만 이야기의 후반부는 죄의 본질과 하나님의 조치에 대한 또 다른 일면을 보여 준다. 차차 살펴보겠지만 나아만은 더 나은 삶을 찾고자 계속 왕들을 찾아가지만, 하나님은 오히려 종들을 통해 그에게 말씀하신다. 나아만은 계속해서 세상의 유력자들을 찾아다니지만, 하나님은 매번 보잘것없는 이들을 통해 그를 치유와 구원의 길로 이끄신다. 이 사실이야말로 오늘날 우리가 배워야 할 중요한 교훈이다.

보다시피 나아만이 애초에 엘리사를 찾아가겠다고 마음먹은 것은 사로잡혀 온 한 어린 여종 덕분이었다. 그리고 기억을 되짚어 보면 나중에 그에게 치료법을 전해 준 사람도 엘리사의 사자(심부름꾼)였다. 심지어 나아만의 종들이 나아만보다 먼저 복음의 메시지를 깨달았다. 분노에 찬 나아만을 진정시키고 선지자의 말에 담긴 의미를 설명해 준 사람들도 바로 그들이었다.

이 이야기가 우리와 하나님에 대해 말해 주는 것은 무엇인가? 이 기사에서 적어도 중요한 네 가지 원리를 발견할 수 있다.

- 세상은 우리의 근본적인 문제를 해결할 수 없다.
- 우리는 이스라엘 중에 선지자가 있음을 봐야 한다.
- 하나님은 미천한 사람, 소외된 사람, 볼품없는 사람을 통해 말씀하신다.
- 우리도 어린 여종의 자세를 본받아야 한다.

지금부터 하나씩 차례로 살펴보자.

세상은 우리의 근본적인 문제를 해결할 수 없다

나아만은 아내의 어린 여종에게서 선지자 엘리사에게 가라는 말을 듣고도 굳이 이스라엘 왕에게 가서 치료를 청한다. 그가 생각한 종교의 본질은 오늘날 우리 사회의 지식인 계층이 생각하는 것과 놀라울 정도로 닮았다. 바로 다음과 같은 식이다.

고금을 막론하고 특정한 나라의 신에게서 기적을 받으려는 사람은 먼저 그 나라의 왕에게 가야 했다. 왜일까? 종교가 사회를 통제하는 수단이었기 때문이다. 대개 왕은 신들의 중재자 또는 신 자체로 여겨졌다. 제사장, 선지자, 점술가의 자금줄은 왕이었고, 왕의 지원을 받는 그들의 임무는 권력 구조를 떠받치는 일이었다. 예를 들어 애굽에서 꿈을 꾸고 해몽을 원하는 사람은 먼저 바로에게 갔다. 그러면 바로가 왕실의 신관을 모아 꿈의 뜻을 점치게 했다.

1800년대 말, 유럽과 미국의 지식인 계층은 초자연적 하나님의 개념을 거부하고, 종교란 근본적으로 문화의 표현이자 인간 권력의 연장이라는 나아만의 관점으로 되돌아갔다. "종교는 문화가 결속력을 얻는 수단일 뿐이다. 문화마다 제각기 신이 있다. 각 문화가 내부의 질문에 답하기 위한 방식에 불과하니, 그거야 괜찮다! 일종의 사회의 접착제인 셈이다."

이런 관점에는 우리 인간이 결국 스스로 생존해야 한다는 의미가 함축되어 있다. 빈곤과 압제와 심리적 고뇌에서 벗어날 해법도 인간이 만들어 내야 한다. 우리는 왕에게 가야 한다. 정부와 대기업에 의지해야 한다. 심리학자나 사회학자에게 물어야 한다. 최정예 위원회를 결성해 문제를 해결해야 한다. 전문가를 찾아가야 한다. 우리에게 있는 자원이 그것뿐이기 때문이다.

복음은 다르다. 나아만은 몰랐지만, 그가 찾아간 이스라엘은 세상에서 선지자가 왕의 꼭두각시가 아닌 유일한 나라였다. 이스라엘 왕이 그에게 말한 것처럼 우리 시대의 정치가, 사회학자, 심리학자도 우리에게 "내가 …… 하나님이냐"라고 말해야 한다(열왕기하 5장 7절). 왕은 나아만에게 "이 일은 하나님만이 하실 수 있는 일인데 왜 나를 찾아온 것이오? 인간의 모든 수단으로는 당신의 근본적인 문제를 해결할 수 없음을 모르시오?"라고 말한 셈이다.

이 진리를 유감없이 보여 주는 레베카 피펏의 일화가 있다. 그리스도인이자 작가인 그녀는 하버드대학교에서 상담심리학 과목을 수강했는데, 어느 날 교수가 소개하는 사례 연구를 들어 보니 어떤 남자가 어머니를 증오하다가 삶이 피폐해졌다는 내용이었다. 다음은 그녀의 회고다.

내가 하버드대학교에서 청강한 과목 중에 '상담 이론'이 있다. 그날 살펴본 사례 연구에서 환자는 상담사의 도움으로 …… 자신의 내면에 숨어 있는 어머니에 대한 적대감을 들추어냈다. …… 교수가 다음 사례로 넘어가려 하기에 나는 용기를 내서 손을 들고 질문했다. "…… 환자가 몇 주 후에 다시 와서 이렇게 말한다고 합시다. '저를 괴롭히는 문제가 무엇인지 알고 나서 크게 안도했습니다. 어머니는 여전히 제 적대감을 자극하는 행동을 하시지만 이제 저는 이 분노를 이겨 내고 싶어요. 어머니를 사랑하고 용서할 수 있었으면 좋겠습니다. 어떻게 하면 될까요?' 이렇게 요청하는 사람을 정신역학 심리 치료에서는 어떻게 도와주나요?"
잠시 침묵이 흐른 뒤 마침내 교수가 내놓은 대답은 이러했다. "내 생각에 상담사는 '행운을 빕니다!'라고 말할 것 같군요. …… 적대감을 기적같이 없애 달라는 요청은 현실성이 없습니다. 환자는 그 감정과 더불어 사는 법을 배워야 합니다. 거기에 지배당하지 않으면 좋겠지요. …… 여러분이 찾으려는 게 마음의 변화라면 내 생각에 여러분은 엉뚱한 학과에 와 있는 겁니다."[1]

학생들은 교수의 말을 듣고 깜짝 놀랐다. 이스라엘 왕처럼 이 교수도 "내가 하나님이냐"고 반문한 것이다. 과학은 누구에게도 용서하는 마음을 줄 수 없다는 말이기도 했다. 과학은 우리에게 '이렇다'는 **사실**을 말해 줄 수 있을 뿐 '이래야 한다'는 **당위**는 결코 말해 줄 수 없다.

죄와 용서의 세계, 옳고 그름을 분별하는 세계에 발을 들여놓는 순간 당신은 전문 지식의 영역을 벗어나 신앙과 영성의 영역에 들어선 것이다.

정치학이나 사회학, 심리학이 중요하지 않다는 말이 아니다. 다만 인간의 노력과 전문 지식으로는 우리 삶의 근본적인 문제를 절대로 해결할 수 없다. "나는 누구인가?" "삶의 의미는 무엇인가?" "무엇이 옳고 무엇이 그른가?" 이런 물음에 답하려면 하나님께 가야만 한다.

이스라엘 중에 선지자가 있음을 보라

8절 말씀을 보자. "하나님의 사람 엘리사가 이스라엘 왕이 자기의 옷을 찢었다 함을 듣고 왕에게 보내 이르되 왕이 어찌하여 옷을 찢었나이까 그 사람을 내게로 오게 하소서 그가 이스라엘 중에 선지자가 있는 줄을 알리이다 하니라." 나아만이 치료되려면 이스라엘에 왕만 있는 게 아니라 선지자가 있음을 봐야만 한다는 것을 엘리사는 안다.

현대 세계의 큰 오만 중 하나는 우리 쪽에서 신을 찾고 있다고 생각하는 것인데, 사실은 그렇지 않다. 세계 종교에 대한 대다수 책이나 다큐멘터리는 인류가 예로부터 신을 찾으려 했다고 말한다. 그러나 로마서 3장 11절에서 사도 바울은 시편 14편 2-3절을 인용해 그 개념을 정면으로 반박한다. "하나님을 찾는 자도 없고."

C. S. 루이스는 인간이 하나님을 찾는다는 개념은 쥐가 고양이를 찾는다는 말만큼이나 터무니없는 말이라고 했다.[2] 우리는 하나님을 찾으려는 게 아니다. 우리가 찾는 것은 만족이다. 진짜 하나님이 아니라 상대하기 편한 신을 만들어 내려는 것이다.

나아만이 하나님을 대하는 태도도 그러했다. 그는 돈을 가져왔다. 돈으로 살 수 있는 신을 예상한 것이다. 그는 권능이 유한한 신을 찾아내 구원을 흥정하려 했다. 하지만 그가 금세 깨달았듯이 이스라엘의 하나님은 길들여진 신이 아니라 절대 주권의 하나님이고, 이 절대 주권의 하나님은 선지자와 사도를 통해 자신을 계시하신다.

그래서 성경을 읽지 않고는 진정한 하나님을 제대로 만날 수 없다. 왜일까? 성경 66권을 기록한 이들이 곧 하나님이 자신을 계시하시는 통로인 선지자와 사도이기 때문이다. 어떤 이들은 이렇게 생각할지 모른다. "얼마나 편협한 시각인가! 나는 사람들이 굳이 성경을 읽지 않고도 스스로 신앙을 찾아내 조합할 수 있다고 본다."

하지만 그런 태도는 오히려 당신을 가로막아 진정한 신앙에 이르지 못하게 한다. 진정한 신앙만이 당신의 삶을 변화시킬 수 있다. 신의 이미지를 우리가 짜깁기해서는 결코 참되신 하나님을 온전히 담아낼 수 없다. 선지자와 사도의 증언을 떠나서 신앙을 조합한다면, 결국 우리가 원하는 대로 행동하는 신을 시어낼 수밖에 없다. 그런 신은 우리가 좋아하는 일만 할 뿐 우리가 싫어하는 일일랑 조금도 하지 않는다. 그러니 신기하고 놀라운 일이 있을 리 없다. 절대 주권의 하나님이 아니라 길들여진 신이기 때문이다.

진정한 하나님을 있는 그대로 보려면 기꺼이 이렇게 결단해야 한다. "선지자와 사도의 성경 기사를 통해 자신을 계시하신 하나님이 살아 계신다. 나는 그분이 친히 자신에 대해 하시는 말씀에 나를 내어 맡기겠다. 그분을 찾으려 하지 않고, 나를 찾으시는 그분을 받아들이겠다." 그래야만 진정한 신앙에 이를 수 있고, 진정한 신앙만이 우리를 도울 수 있다.

이스라엘 중에 선지자가 있음을 모른다면 우리 스스로 신을 만들어 낼 것이고, 나병이 우리를 떠날 날이 없을 것이다.

하나님은 미천한 사람, 소외된 사람, 볼품없는 사람을 통해 말씀하신다

나아만에게 엘리사를 소개한 어린 여종을 생각해 보라. 이 히브리 소녀의 집안은 풍비박산이 난 상태였다. 아마도 아람의 군사들이 골란 고원을 넘어와 이스라엘 백성을 휩쓸며 약탈했을 것이다. 그들은 사람들을 죽이고 일부는 노예로 끌고 왔다.

이 소녀는 당시 사회의 밑바닥 계층에 속했다. 여자였고, 짐작건대 열 살에서 열두 살 사이의 아이였으며, 조국을 잃은 외국인이었다. 더군다나 종이었다. 아람 사람의 기준으로 겨우 가축보다 조금 나은 정도였다. 그런데 하나님은 이 소녀를 통해 말씀하셨다.

일반적으로 낮은 자, 눈에 띄지 않는 자, 교육을 받지 못한 자, 가난한 자, 성공하지 못한 자, 곧 사회 주변부에 있는 사람들이 복음을 가장 빨리 깨닫는다. 앞서도 봤지만 왜 나아만보다 그의 종들이 복음을 먼저 알아들었을까? 사회적 사다리의 맨 아래에 있는 이들일수록 삶이 얼마나 고달픈지를 너무나 잘 알기 때문이다. 그들은 인간이 얼마나 연약한지, 죄의 실상이 무엇인지를 몸소 겪어 안다. 반면 성공과 부, 권력을 거머쥔 이들은 흔히 이런 진실을 착각한 채 살아간다.

오직 은혜로만 구원받을 뿐 우리 힘으로는 아무것도

할 수 없는 죄인이라는 복음이 선포될 때, 대개 실패와 압제, 소외와 고난을 겪어 본 이들이 가장 먼저 그 복음의 본질을 알아본다.

여기서 우리는 신학적이고도 실제적인 원리를 발견할 수 있다. 우선 신학적으로 이것은 하나님이 자주 사용하시는 소통 방식을 보여 준다. 하나님은 바로의 뒤숭숭한 꿈에 대한 해답을 감옥에 갇힌 노예 요셉을 통해 들려주신다. 사무엘상에서 이스라엘이 블레셋과 전쟁할 때, 내로라하는 전사들 중 누구도 강적 골리앗의 상대조차 되지 않았으나 하나님은 어린 다윗과 그의 물매를 통해 일하셨다. 그리고 당대의 모든 강대국, 즉 앗수르, 바벨론, 그리스, 로마를 뒤로하고 하나님은 작은 유대 민족을 택해 말씀하셨다. "내가 너희를 통해 나를 세상에 계시할 것이다."

이 원리를 보여 주는 궁극적인 본보기는 바로 예수님이다. 예수님은 로마나 아테네는커녕 예루살렘에서조차 태어나지 않으셨다. 그분은 구유에서 태어나 나사렛 작은 마을에서 가난하게 자라셨다. 그분은 정식 교육을 받지 못한 어부들에게 자신의 나라를 맡기셨고, 결국 범죄자의 신분으로 죽음을 맞이하셨다.

예수님이 사역하시는 내내 세상의 왕들과 철학자들, 위대한 인물들은 그분을 전혀 알아보지 못했다. 아니, 아예 몰랐다! 그분의 제자들이 복음을 처음 전했을 때 낭대의 위대한 인물들의 반응은 어떠했던가? 그들은 비웃었다. 오늘날의 위대한 인물들도 여전히 같은 말을 한다. 세상 문제의 해법은 노예들이 사는 곳이나 고깃배가 아니라, 권력자의 집무실과 사교장, 강의실과 정치 현장, 컨벤션 센터와 할리우드 스튜디오에서 나온다고 믿는 것이다.

그러나 해법은 바로 그 낮은 곳에서 나왔다. 예수님이 대단한 분으로 오셨다면 결코 십자가에 못 박히지 않으셨을 것이다. 대단한 사람은 십자가에 못 박히지 않는다. 보잘것없는 사람이나 그러할 뿐이다. 예수님은 보잘것없는 사람이 되셔야 했다. 그래야만 십자가에서 죽으실 수 있고, 하나님이 우리 죗값을 치르심과 동시에 우리를 구원하실 수 있기 때문이다. 이로써 하나님은 '자기도 의로우시며 또한 예수 믿는 자를 의롭다 하시는 분'이 되셨다(로마서 3장 26절). 이것이 하나님의 지혜요 능력이다.

예수님은 십자가에서 무력하게 패하셨지만 사실 그것은 가장 큰 승리였다. 참으로 위대하신 그분이 보잘것없는 인간이 되신 덕분에 지극히 볼품없는 우리가 큰 자로 높여질 수 있다. 이것이 복음이다.

하나님이 이런 부류의 사람들을 통해 자신을 계시하신다는 사실은 우리 삶에서도 확인할 수 있다. 뉴욕에서 목회하며 한 가지 발견한 사실이 있다. 내 설교를 듣던 이들 중 상당수는 뉴욕에서 가장 발달하고 영향력 있는 자치구인 맨해튼에 살았다. 그들은 똑똑하고 대개 부유했으며, 자기 분야의 정점에 오른 이들이 많았다.

하지만 뉴욕의 그리스도인 대다수는 맨해튼에 살지 않았고, 지금도 그러하다. 그들은 도시 변두리인 브롱크스나 퀸스에 산다. 그곳은 모든 게 덜 화려하다. 고층 건물도 많지 않고, 사람들이 남을 의식해 멋을 부리지도 않는다. 그런데 대개 이들이, 세간의 이목을 끌며 세련되게 살아가는 맨해튼 사람들보다 죄와 은혜를 더 잘 이해한다.

복음이 오직 유명하고 매력적이며 성공한 사람의 입에서 나올 때만 신뢰할 만하다고 여긴다면 우리는 결코 복음 안에서 성숙해질 수 없다.

우리는 왕들을 찾아다닐지 몰라도 하나님은 으레 종들을 통해 우리에게 말씀하신다.

어린 여종을 본받으라

끝으로, 이 책을 읽는 그리스도인들에게 나아만 이야기에 나온 어린 여종을 본받으라고 권하고 싶다. 그녀는 모든 장벽을 뛰어넘어 나아만에게 다가갔다. 고대 세계의 고위 지도자가 이스라엘의 하나님을 만날 확률은 지극히 미미했는데, 하나님은 강한 자들의 계략을 폐하시고 이 소녀를 통해 나아만에게 다가가셨다.

그녀가 어떻게 나아만에게 다가갈 수 있었는지 아는가? 쓰임받을 만한 대가를 치렀기 때문이다. 이 말이 무슨 뜻일까? 설명해 보자면 이렇다. 그전에 먼저 봐야 할 것이 있다. 이 소녀는 다른 종 게하시와 대비된다. 엘리사의 사환인 게하시와 달리 그녀의 처지는 참으로 암울했다. 침략군이 부모를 죽이고 딸만 데려갔을 테니 아마도 그녀는 고아였을 것이다. 결국 그녀가 내다볼 수 있는 삶이란 철저한 노예 신분, 시린 고독, 완전한 몰락뿐이었다.

반면에 게하시는 이스라엘의 선지자 밑에서 일했다. 그 자리를 이어받을 사람이었다는 뜻이다. 하나님께 쓰임받을 사람을 꼽으라 하면 단연 게하시였다. 그런데 훗날 역사를 바꿔 놓은 인물은 어린 여종이었고, 게하시는 나병에 걸린 한심한 패배자로 기억된다. 왜일까? 각자의 고요한 내면에서 그녀는 쓰임받을 만한 대가를 치른 반면에 게하시는 그렇지 못했기 때문이다.[3]

여종과 게하시의 대비는 나아만이 치료된 후 가져온 후한 예물을 엘리사가 거절할 때 확연히 드러난다. 선지자가 예물을 받으면 안 된다는 금령은 없다. 엘리사가 나아만의 돈을 받지 않은 것은 선지자와 제사장에게 사례하는 게 금지되어 있어서만은 아니다. 구약의 신자는 십일조를 바칠 의무가 있었다. 다만 엘리사는 지금이 그럴 때가 아님을 안다. 그래서 게하시에게 "지금이 어찌 은을 …… 받을 때이냐"고 묻는다.

지금이 그럴 때가 아닌 이유는 새로 개종한 나아만이 아직은 이교에 익숙해 있어서다. 이교에서는 구원받으려면 값을 치러야 했기 때문에 성직자마다 으레 손을 내밀었다. 엘리사는 처음부터 나아만을 제자로 훈련시킨다. 엘리사가 그에게 보여 준 대로 하나님은 나아만에게서 아무것도 받으실 필요가 없고, 복음은 다른 어떤 종교와도 다르며, 참되신 하나님은 다른 어떤 신과도 다르시다.

엘리사는 분명 나아만 덕분에 큰 부자가 될 수 있음에도 어떠한 예물도 받지 않는다. 그런데 게하시는 나아만이 떠나는 순간 그를 쫓아 달려가더니, 그를 속여서 받아 낸 돈으로 자신의 주머니를 채운다. 으레 더 주려니 계산해서 자신이 바라던 액수보다 낮춰 부르기까지 한다. 한 달란트를 청해서 두 달란트를 받은 셈이다. 하나님의 사람이 되고자 여러 해 훈련받은 그가 어떻게 그럴 수 있을까?

평소에 나아만처럼 되기를 마음 깊이 꿈꾸었기 때문이리라. 세상이 줄 수 있는 모든 것을 상상하면서 말이다. 반면, 엘리사는 어떠한가. 그는 세상 욕심을 다 버린 사람이었다. 나아만의 예물을 사양하는 모습을 보아 알 수 있다. 그리하여 하나님이 엘리사를 쓰실 수 있었다.

재물과 성공을 오래도록 꿈꿔 온 게하시는 유혹이 오자 즉시 넘어가 나아만을 쫓아갔다가 결국 나병이라는 저주를 받고 말았다.

게하시의 운명을 읽으며 이런 생각이 들 수 있다. "이렇게 저주하시다니 하나님도 참 가혹하시다. 왜 그렇게까지 하셨을까?" 이 심판에 담긴 하나님의 깊은 뜻을 생각해 보라. 게하시의 욕심은 나아만처럼 되는 것이었다. 그리하여 소원대로 결국 나아만처럼 되었다. 하나님의 가장 공의로운 심판은 정확히 그 사람이 바라는 대로 주시는 것이다. 우리가 하나님께 "주의 뜻이 이루어지이다"라고 고백하지 않으면 결국 하나님이 우리에게 **너의** 뜻대로 되리라"라고 말씀하신다. 이것이야말로 가장 무서운 심판이다. 하나님은 게하시에게 그가 원한 것을 주셨을 뿐이다.

여종에게도 똑같은 유혹이 찾아왔다. 그녀가 울다가 지새웠을 수많은 밤을 떠올려 보라. 정의를 바라지 않았겠는가? 복수하고 싶지 않았겠는가? 아버지를 돌려받고 싶지 않았겠는가? 그러나 분명 그녀는 마음속으로 이렇게 기도했으리라. "주님, 저는 억울하지만 주님이 저의 재판장이시니 주님 한 분만으로 족합니다. 아버지가 그립지만 주님이 제 아버지시니 주님으로 족합니다."

그 사실을 우리가 어떻게 알 수 있을까? 여종이 한 말을 보라. 그 말을 보면 그녀가 나아만을 용서했음을 알 수 있다. 그가 지휘하는 침략군에게 가족을 잃고 자유를 빼앗겼음에도 말이다. 그런데도 병든 그를 생각해 "우리 주인이 사마리아에 계신 선지자 앞에 계셨으면 좋겠나이다"라고 말할 정도였다(열왕기하 5장 3절). 여종은 나아만을 용서했다. "좋겠나이다"라는 표현에서 사랑이 느껴진다.

여종은 "못된 영감탱이가 나병에 걸렸으니 꼴좋게 됐군! 오늘 손가락 하나가 또 떨어져 나갔다니 쌤통이다! 지옥에나 가라지!"라고 퍼붓지 않는다. 이제 그녀는 세상이 줄 수 있는 것들이 필요치 않으며 그런 것을 바라지도 않는다. 세상의 정의를 바라지 않고 오직 "하나님만이 저의 재판장이십니다"라고 고백할 뿐이다. 더는 세상의 아버지를 구하지 않고 "주님, 주님이 저의 아버지시니 주님 한 분만으로 족합니다"라고 고백할 뿐이다.

고난으로 인해 그녀는 세상 것들을 바라는 욕심이 커지기는커녕 오히려 줄었다. 여기에 우리가 배워야 할 교훈이 있다. 고난이 닥쳐올 때 우리는 하나님을 익지할 수도 있고, 고생할수록 더욱더 세상에서 위로받으려 할 수도 있다. 전자를 택한 여종은 마음이 넓고 넉넉해졌다. 나아만이 애초에 여종의 말을 귀담아들은 이유도 여종에게서 자기네 부부를 향한 사랑을 봤기 때문이 아닐까?

하나님이 왜 이런 끔찍한 일이 우리에게 일어나도록 내버려두시는지 모르겠다며 울부짖는 이들이 많다. 어쩌면 우리에게 그분을 갈망하게 하시려고 이런 일을 허락하시는지도 모른다. 우리가 겪는 고난은 우리가 쓰임받을 만한 대가를 치를 기회가 된다. 시련을 계기로 세상에 더 단단히 매여 그것을 갈구하게 될 수도 있고, 반대로 시련을 통과하며 우리 안에 넓은 마음이 빚어질 수도 있다. 우리는 세상에 더 깊이 예속될 수도 있고, 진정으로 자유로워질 수도 있다.

우리는 흔히 이렇게 고집하곤 한다. "하나님이 왜 이

런 일을 허락하셨는지 알 수만 있다면." 하지만 기억해야 할 것이 있다. 여종은 집안이 몰락한 뒤 자신이 왜 아람으로 보내졌는지 전혀 알지 못했다. 그녀가 상황을 파악하고 이렇게 생각했을 리 만무하다. "아, 이제 알겠다! 이 고난을 계기로 내 마음이 넓어지면 우리 주인이 구원받을 뿐 아니라, 앞으로 3,000년 동안 사람들이 내 이야기를 읽으며 감동받겠지!"

천만의 말씀이다. 여종은 전체 그림을 보지 못했고 우리도 마찬가지다. 만약 우리가 "고난의 이유를 알아야만 하나님께 순종하겠다"라고 생각한다면, 이는 진정한 섬김이 아니라 계산적인 행동일 뿐이다. "내가 원하는 결과를 얻을 수 있을까?"라는 생각이 늘 마음속에 도사리고 있기 때문이다.

어린 여종은 그런 질문을 던지지 않았다. 그녀를 위대하게 만든 것은 그런 계산이 아니었다. 반면, 게하시를 나병에 걸리게 만든 것은 바로 그 계산이었다. 쓰임받을 만한 대가를 치르라. 그러면 당신도 어두운 곳에서 빛이 되어 권력자들의 도모를 뒤흔들 수 있다. 하나님은 당신을 놀랍게 쓰실 수 있다. 그분은 보잘것없는 이들을 쓰시기 때문이다.

나아가 예수님을 본받으라. 그분은 자원하여 나병 환자가 되셨다. 자원하여 아버지를 잃으셨다. 자원하여 종이 되셨다. 자원하여 아름다움과 안락과 특권을 빼앗기고 가

난과 고난 한복판에 던져지셨다. "내 원대로 마시옵고 아
버지의 원대로 되기를 원하나이다"라고 아뢰신 그분을 본
받으라(누가복음 22장 42절). 참된 종으로서 그분은 모든 사
람을 섬기신다.

예수 그리스도께서 당신에게 그토록 큰일을 해 주셨
으니 그분을 바라보라. 그러면 어린 여종이 나아만에게 했
던 것처럼 당신도 그분을 위해 당신만의 작은 방식으로 헌
신할 수 있다.

일단 우리도 나아만처럼 교민을 꺾고 하나님께 복종
하여 그분의 은혜를 받아들였다면, 이제는 종이 되어야 한
다. 밖으로 나가 섬겨야 한다. 가난하고 소외된 이들 틈에
섞여 그들을 섬길 때 그들에게 우리가 필요해서만 가는 것
이 아님을 기억하라. 우리에게도 그들이 필요하기 때문에
가는 것이다. 특히 우리가 문화적 엘리트에 속한다면 더더
욱 그렇다.

그들 안의 지혜를 기대하라. 그들이 내일 복음을 듣든
5년 전에 들었든, 우리는 그들에게 배우게 될 것이다. 우리
가 줄기차게 왕들을 찾아다니는 만큼이나 하나님은 보잘
것없는 이들을 찾아가신다. 하나님이 그런 분이심에 감사
하라. 우리도 보잘것없는 존재이기 때문이다.

아버지, 저의 가장 깊은 문제를

해결할 길을 열어 주셔서 감사합니다.

그 해법이 세상의 기대와는 전혀 다른 방식임을

늘 잊지 말게 하소서.

이제 우리는 통치자나 권력자를 찾아가지 않고

보잘것없는 이들에게 나아갑니다.

아버지, 모든 세상 가치관을 뒤집는

복음의 역설을 깨닫게 하소서.

제 가치관 또한 그렇게 뒤집히기를 원합니다.

그리하여 하늘 영광을 버리고 종이 되신

예수님을 만나게 하소서.

주님, 왕들만이 아니라 보잘것없는 어린 여종과 함께 일하시는

하나님을 간절히 갈망합니다.

주님이 그런 하나님이시기에 감사합니다.

성령의 도우심으로 주님 앞에 스스로를 낮추어,

예수님과 같은 참된 위대함에 이르게 하소서.

섬김을 받으러 오신 것이 아니라 도리어 섬기려 하고

자기 목숨을 많은 사람의 대속물로 주려고 오신

예수님의 이름으로 기도합니다. 아멘.

자발적으로 자유를 마다하는
탐욕의 악순환

민수기 11장 4-6, 10-20, 31-34절

4 그들 중에 섞여 사는 다른 인종들이 탐욕을 품으매 이스라엘 자손도 다시 울며 이르되 누가 우리에게 고기를 주어 먹게 하랴 5 우리가 애굽에 있을 때에는 값없이 생선과 오이와 참외와 부추와 파와 마늘들을 먹은 것이 생각나거늘 6 이제는 우리의 기력이 다하여 이 만나 외에는 보이는 것이 아무것도 없도다 하니……

10 백성의 온 종족들이 각기 자기 장막 문에서 우는 것을 모세가 들으니라 이러므로 여호와의 진노가 심히 크고 모세도 기뻐하지 아니하여 11 모세가 여호와께 여짜오되 어찌하여 주께서 종을 괴롭게 하시나이까 어찌하여 내게 주의 목전에서 은혜를 입게 아니하시고 이 모든 백성을 내게 맡기사 내가 그 짐을 지게 하시나이까

12 이 모든 백성을 내가 배었나이까 내가 그들을 낳았나이까 어찌 주께서 내게 양육하는 아버지가 젖 먹는 아이를 품듯 그들을 품에 품고 주께서 그들의 열조에게 맹세하신 땅으로 가라 하시나이까 13 이 모든 백성에게 줄 고기를 내가 어디서 얻으리이까 그들이 나를 향하여 울며 이르되 우리에게 고기를 주어 먹게 하라 하온즉

14 책임이 심히 중하여 나 혼자는 이 모든 백성을 감당할 수 없나이다 15 주께서 내게 이같이 행하실진대 구하옵나니 내게 은혜를 베푸사 즉시 나를 죽여 내가 고난당함을 내가 보지 않게 하옵소서

16 여호와께서 모세에게 이르시되 이스라엘 노인 중에 네가 알기로 백성의 장로와 지도자가 될 만한 자 칠십 명을 모아 내게 데리고 와 회막에 이르러 거기서 너와 함께 서게 하라 17 내가 강림하여 거기서 너와 말하고 네게 임한 영을 그들에게도 임하게 하리니 그들이 너와 함께 백성의 짐을 담당하고 너 혼자 담당하지 아니하리라

18 또 백성에게 이르기를 너희의 몸을 거룩히 하여 내일 고기 먹기를 기다리라 너희가 울며 이르기를 누가 우리에게 고기를 주어 먹게 하랴 애굽에 있을 때가 우리에게 좋았다 하는 말이 여호와께 들렸으므로 여호와께서 너희에게 고기를 주어 먹게 하실 것이라 19 하루나 이틀이나 닷새나 열흘이나 스무날만 먹을 뿐 아니라 20 냄새도 싫어하기까지 한 달 동안 먹게 하시리니 이는 너희가 너희 중에 계시는 여호와를 멸시하고 그 앞에서 울며 이르기를 우리가 어찌하여 애굽에서 나왔던가 함이라 하라……

31 바람이 여호와에게서 나와 바다에서부터 메추라기를 몰아 진영 곁 이쪽저쪽 곧 진영 사방으로 각기 하룻길 되는 지면 위 두 규빗쯤에 내리게 한지라 32 백성이 일어나 그날 종일 종야와 그 이튿날 종일토록 메추라기를 모으니 적게 모은 자도 열 호멜이라 그들이 자기들을 위하여 진영 사면에 펴 두었더라 33 고기가 아직 이 사이에 있어 씹히기 전에 여호와께서 백성에게 대하여 진노하사 심히 큰 재앙으로 치셨으므로 34 그곳 이름을 기브롯 핫다아와라 불렀으니 욕심을 낸 백성을 거기 장사함이었더라

이번 장에서 살펴볼 민수기 11장 본문에서 이스라엘 자손은 약속의 땅을 향해 광야를 지나는 중이다. 그러나 아무리 좋게 말하려 해도 형편이 말이 아니다. 어느 한 사람도 행복한 결말을 맞지 못하는 참으로 암울한 본문이다. 지금까지 살펴본 다른 본문들에는 나아만과 그의 종들처럼 본받을 만한 인물들이 등장하지만, 여기에는 경건한 본보기가 되는 인물이 단 한 명도 없다.

그럼에도 이 어두운 이야기를 살펴보는 것이 중요한 이유는 그 안에서 인간 본성에 대한 가장 중요한 질문 가운데 하나를 다루고 있기 때문이다. "왜 우리는 옳은 길을 알 때조차도 그 길로 가지 않는 것일까?"

알면서도 행하지 못하는 영적 노예 신세

C. S. 루이스는 저서 《인간 폐지》(*The Abolition of Man*)의 마지막 몇 페이지에 세계 여러 종교의 경구들을 한데 모아 놓았다. 이를 통해 인간에게 어떤 행동이 권장되고 어떤 행동이 금지되는지에 대해 사실상 보편적인 합의가 있다는 사실을 강조한다.[1]

예를 들어 사실상 모든 종교가 거짓말을 옳지 않다고 보며, 약속을 어겨서는 안 된다고 가르친다. 남의 것을 빼앗거나 죽여서도 안 된다. 오히려 서로 존중해야 한다는 게 모든 종교의 일관된 가르침이다. 우리는 정의와 공정을 추구해야 한다. 자신의 소유를 아낌없이 베풀어야 한다. 한마디로 황금률대로 살아야 한다. 내가 대접받고 싶은 대로 모든 사람을 대접해야 한다는 것이다.

루이스가 열거한 모든 종교는 인간이 이런 방식대로 살아야 한다고 믿는다. 그리고 세상의 온갖 불행의 주된 이유를 우리가 그렇게 살지 **않는** 데서 찾는다.

여기서 의문이 생긴다. "어떻게 살아야 하는지 정확히 알고, 그렇게 살지 않을 때의 결과도 뻔히 알면서 왜 우리는 번번이 그 기준대로 살지 못하는가? 인간의 실존적 상태가 어떠하기에 이런 실패가 가능한 정도를 넘어 필연적인 것일까?"

누구에게 심리 치료를 받든 어떤 철학을 신봉하든 우리는 옳은 길을 가지 못할 때가 부지기수다. 정부가 진보주의든 보수주의든, 파시스트든 민주주의든 상관없이 우리는 바르게 사는 데 번번이 실패한다. 무엇을 해야 할지 알면서도 정작 실천하지 않는다.

이를 어떻게 설명할 수 있을까? 성경은 인간의 마음이 죄로 물들어 있기 때문이라고 설명한다. 하지만 그게 전부가 아니다. 성경은 우리가 죄의 노예가 되었다고 말한다. 성경이 말하는 죄는 단순한 행위가 아니라 하나의 세력이다. 모든 죄악된 행동은 그 행동을 선택한 내면의 기능을 마비시키는 힘이 있다. 가령 지성으로 죄를 지으면 이성적 판단력이 위축된다. 감정으로 죄를 지으면 정서가 메마른다. 의지로 죄를 지으면 의지력과 자제력이 무너진다.

죄는 자살행위다. **어떤 식으로** 죄를 짓든, 죄를 지으면 우리는 자유를 잃어버리고 죄에 예속(隷屬)되고 만다. 본문의 이스라엘 자손을 보라. 하나님이 그들을 노예 상태에서 해방하셨건만 그들은 어떤 태도를 보이는가? "애굽에서 살던 그때가 참 좋았는데……. 거기로 돌아가자"였다.

이스라엘 자손은 애굽 문명의 안락함에 끊임없이 미련을 두며 되돌아가는 것을 꿈꾼다. 그 대가가 사회적·정치적·경제적 예속임을 뻔히 알면서도 말이다. 심지어 탈주 전력이 있으니 이전보다 더 가혹한 대우를 받거나 어쩌면 아예 몰살당할 수도 있는 상황이었다.

오늘날 이 성경 본문을 읽는 사람이라면 누구나 이렇게 생각할 것이다. "바보 같군! 아무리 생선이 먹고 싶기로서니 어떻게 다시 노예가 되려 하지? 그깟 파와 마늘이나 먹자고 채찍질과 구타를 감수할 사람이 대체 어디 있단 말인가?" 현대의 독자라면 무엇이 당연한 선택인지 금세 알 수 있다. 만나가 아무리 입맛에 맞지 않더라도 참고 견디며 약속의 땅으로 계속 나아갈 것이다.

그러나 이스라엘 백성은 무엇이 옳은 길인지 너무나

명백한데도 그 길을 택할 능력도 의지도 없다. 그저 아는 것에 그칠 뿐 실제로 행동하지 **않는다**. 왜일까? 여전히 노예라서 그렇다. 애굽에 있을 때처럼 육체적 노예는 아니지만, 여전히 그들은 노예였다. 바로 영적 노예.

정치적 노예나 경제적 노예는 자신에게 가장 좋은 길로 갈 재량이 없다. 예를 들어 당신에게 가장 좋은 길이 벽돌을 만드는 일이 아니라 댄서가 되는 것이라 해 보자. 하지만 당신이 정치적 노예나 경제적 노예라면 당신은 아무 힘이 없기에 재능과 소질을 가장 좋은 쪽으로 발휘할 수 없다. 이스라엘 자손은 정치적·경제적 노예 신분에서는 해방됐으나 다른 치명적 예속 상태에서는 벗어나지 못했다. **영적으로** 무력하기에 옳은 길로, 즉 자신에게 가장 좋은 길로 갈 수 없었던 것이다.

성경에 따르면 이 땅의 모든 인간이 바로 그런 영적 노예다. 바울은 이 상태를 로마서 7장 18절과 21절에서 이렇게 표현한다. "원함은 내게 있으나 선을 행하는 것은 없노라 …… 그러므로 내가 한 법을 깨달았노니 곧 선을 행하기 원하는 나에게 악이 함께 있는 것이로다." 이 문제를 그는 14절에 "우리가 율법은 신령한 줄 알거니와 나는 육신에 속하여 죄 아래에(죄의 노예로, NIV) 팔렸도다"라고 요약한다. 선을 행하려 할수록 자신의 힘으로는 안 된다는 고백이다. 바울은 무력하기에 선을 행할 수 없다. 죄의 노예인 것이다.

어떤 이들은 이렇게 생각할 수 있다. "그건 과장된 표현이야. 적어도 나한테는 해당하지 않아. 나는 바울과 달라. 옳은 길로 가지 못할 만큼 무력감이 든 적은 없어."

하지만 바울의 말을 잘 살펴보라. 그는 더 선하게 살려고 노력할수록 자신이 영적 노예임을 더 깊이 **자각한다**. 우리가 영적 노예임을 자각하지 못한다면 이는 우리의 도덕 기준이 너무 낮다는 뜻이다.

예를 들어 황금률에 동의하지 않는 사람은 거의 없다. 하지만 황금률대로 사는 게 어렵지 않다고 생각한다면, 딱 열두 시간만이라도 그 기준대로 살아 보라. 단 하루, 아니 반나절만이라도 남에게 대접받고 싶은 대로 정확히 남을 대접해 보라. 자신에게 필요한 것을 채울 때 발휘하는 힘과 기쁨, 창의력과 속도를 다해 다른 이들의 필요를 채워 줘 보라. 그들의 성공을 마치 당신 일처럼 기뻐해 보라.

직접 해 보면 몇 시간, 아니 어쩌면 몇 분도 지나지 않아 이런 생각이 들 것이다. "이제 알겠다. 선을 행하려고 할수록 오히려 그것을 해내지 못해 더 몸부림치게 되는구나. 내 무력함을 더 실감하게 되는구나." 그러면 당신도 바울처럼 고백하게 될 것이다. "오호라 나는 곤고한 사람이로다 이 사망의 몸에서 누가 나를 건져 내랴"(로마서 7장 24절).

우리는 영적 노예다. 마땅히 해야 할 일은 보이지만, 그것을 행할 능력이 우리에겐 없다. 스스로 해낼 수 있다고 장담하는 사람이 있다면, 그는 아직 자신과 치열하게 싸워 본 적이 없는 사람이다.

죄의 무시무시한 중독성

두 번째로 본문의 이스라엘 백성 이야기가 가르쳐 주는 놀랍다 못해 섬뜩하기까지 한 교훈은 '죄가 우리를 지배하는 방식'이다. 우리가 짓는 죄는 단순히 하늘 기록부에서 감점당하는 행위나 가벼운 실수가 아니다. 죄는 우리의 자유에 치명적인 영향을 미친다. 선을 원하고 생각하고 깨닫는 역량은 물론이고 선을 **행하려는** 의지마저 꺾는다. 죄가 우리의 지성과 정서와 결단력을 조금씩 갉아먹을수록 우리는 자유를 점점 더 박탈당한다.

민수기 11장 4-6절에서 바로 이 점을 확인할 수 있다. 첫째, 4절은 이스라엘 백성이 애굽 문명의 안락함을 갈망하기 시작했다고 기록한다. 이 부분은 뒤에서 다시 다루겠지만, 우선은 그들의 감정이 변하고 있음에 주목하라.

둘째, 5절에서 그들은 애굽에서 모든 음식을 "값없이" 먹었다고 회고한다. 앞서 살펴봤듯이 이는 명백한 사실을 외면하는 일종의 부정(denial)이다. 그들이 애굽에서 먹은 음식은 자유와 맞바꾼 대가였다. 나아가 이 탐욕은 그들의 이성을 마비시킨다. 그들은 애굽으로 돌아가는 대가가 죽음일 수도 있다는 사실조차 깨닫지 못한다.

셋째, 6절에서 그들은 "우리는 식욕을 잃었다"(NIV)
고 말한다(개역개정은 "우리의 기력이 다하여"로 옮겼다-편집
자). 히브리어 원문을 직역하면 "우리의 영혼이 바짝 말랐
다"다. 그들은 더 이상 만나를 원하지 않는 지경에 이르렀
다. 자신의 존재 자체와 생의 의지마저 바짝 말라 버린 것
이다. 노예 상태에서 자신들을 이끌어 내신 하나님의 구원
능력을 기억하는 마음도 이제는 가물가물해졌다.

결국 하나님은 그들이 그토록 바라던 요구를 들어주
신다. 하지만 이스라엘 백성은 원하던 것을 손에 쥘수록
점점 더 그것이 싫어진다. 하도 먹다 보니 나중에는 냄새
조차 견디기 싫을 정도에 이르렀다.

이것이 바로 중독의 속성이다. 모든 중독이 죄는 아
니지만 성경이 우리에게 보여 주듯이 모든 죄는 중독이다.
원한, 시기심, 물질주의, 게으름, 성적 부도덕 등 무슨 죄든
다 중독으로 발전한다.

술이나 마약, 포르노 중독과 같은 사례들은 죄가 인간
의 삶 전체를 어떻게 잠식하는지를 선명하게 보여 주는 일
종의 축소판이다. 중독은 우리에게 찾아오는 모종의 실망
또는 고통에서부터 시작된다. 고통을 달랠 도구로 우리는
섹스나 술 같은 것을 택한다. 이런 도구는 초탈이나 자유,
도피를 약속한다. 낙심의 원인이 뭐든 간에 그것을 통제하
고 넘어서는 듯한 기분을 우리에게 한껏 선사한다. 하지만
삶에 이런 식으로 대처하다 보면 결국 덫에 걸려 세 가지

결과를 자초하고 만다.

첫째, 우리의 중독, 곧 우리의 죄는 우리를 이른바 내성 효과에 놀아나게 한다. 오늘 우리가 즐기거나 필요로 하는 술이나 마약의 양, 성적 경험의 종류가 내일이면 더 늘어나야만 한다. 그것만으로는 더 이상 우리를 만족시킬 수 없기 때문이다. 우리는 전날보다 더한 것을 원하게 된다. 죄에 굴복할수록 우리는 더 많은 것을 원하게 된다.

어제 기쁨을 주었던 것이 내일은 충분한 기쁨을 주지 못한다. 우리의 감정이 메마르고 무뎌지기 때문이다. 처음에는 "이것만 있으면 행복할 거야"라고 생각한다. 하지만 얼마 지나지 않아 갈망하던 그것이 질릴 만큼 차고 넘쳐도 그것이 더 이상 심장을 뛰게 하지 못한다. 우리는 이미 중독되어, 불가능한 수준의 '더 많은 것'을 끊임없이 요구하게 된다.

둘째, 죄에 중독되면 무조건 그것을 부정하다가 끝내 파멸에 이른다. 자신의 욕구를 합리화하는 것도 중독 증상의 일부다. 욕구를 채우려고 무슨 일이든 다 하면서 이를 정당화하는 것이다. 똑바로 사고하지 못하고 논리와 기억이 편향된 상태인데도, 우리는 이마저도 부정한다.

셋째, 죄는 우리의 의지력을 무너뜨린다. 우리는 중독자가 되어, 애초에 중독을 유발했던 바로 그 대상으로 중독의 문제를 해결하려 든다. 이스라엘 백성에게 일어난 사건은 죄가 어떤 방식으로 작동하는지 잘 보여 준다. 그들은 그토록 벗어나고 싶어 했던 바로 그곳, 애굽으로 돌아가기를 갈망했다.

이와 마찬가지로, 하나님께 불순종하는 것이 자유를 줄 것이라 믿는다면, 자유를 약속했던 바로 그 행동이 결국 우리의 자유를 앗아 가고 만다. 스스로 삶의 운전석에 앉았다고 생각할지 모르나, 실상은 중독에 운전대를 내주었을 뿐이다. 그럴수록 중독의 지배에 저항하기란 점점 더 어려워진다.

앞에서 언급했듯이, 흔히 우리는 죄가 우리에게 미치는 이런 악영향을 부정한다. 어떤 이들은 자신이 중독자가 아니라고 생각할지 모르지만, 당신의 마음속에는 자신도 인지하지 못하는 뜻밖의 중독이 자리 잡고 있을 가능성이 크다. 자신이 중독과 거리가 멀어 보일 수 있으나 성경은 모든 인간이 어느 정도 무언가에 중독되어 있다고 말한다. 그 이유는 이러하다.

죄란 하나님보다 다른 것을 더 갈망하고 중시하는 것임을 기억하라. 하나님이 삶의 주변부로 밀려나고 당신은 온통 다른 것에 집중한다. 하지만 그 갈망의 대상도 머잖아 내성 효과의 희생양이 되고 만다. "이 직장에 들어가기만 하면 만족할 거야. 내가 원하는 걸 다 얻을 거야"라고 생각하는가? 막상 그 일자리를 **얻고 나면** 어떻게 될까? 결국 금세 시들해진다.

처음에는 "이제 나는 변호사야. 너무 황홀해! 드디어

꿈을 이뤘어!"라고 생각할 수 있다. 하지만 그것도 잠시뿐 불과 1년만 지나도 더는 그것만으로 양이 차지 않는다. 회사가 더 컸으면 좋겠고, 의뢰인이 더 많았으면 좋겠으며, 근무 시간은 더 유연했으면 좋겠다. 그 밖에도 이런저런 불만이 많아진다. 감격하던 초심은 사라지고 이제 당신은 별 만족을 얻지 못한다.

잘생기고 똑똑한 사람과 결혼하는 것이 오랜 꿈이었는데 마침내 그 기준에 딱 맞는 사람을 만났다고 가정해 보자. 처음에는 꿈만 같겠지만, 얼마 지나지 않아 내성 효과로 인해 당신은 금방 현실로 소환된다. 배우자를 아무리 사랑한다 해도 그 배우자가 당신의 소망과 꿈을 온전히 다 채워 줄 수는 없기 때문이다.

이 대목을 읽으며 이런 생각이 들지도 모른다. "좋은 배우자를 원하는 게 뭐가 문제지? 성공적인 커리어를 쌓고 싶은 게 잘못인가? 지금 죄 이야기 하는 거 아니었나?"

아직도 모르겠는가? 하나님이 아닌 다른 무언가를 삶의 목적으로 삼는다면, 그것이 곧 죄이며 죄는 중독을 낳는다. 갈망하는 것을 더 많이 얻을수록 그것이 더 절실히 필요해지는 반면, 만족감은 줄어든다. 결국 당신의 마음과 감정, 사고는 위축되고 만다.

《멋진 신세계》(*Brave New World*)의 저자 올더스 헉슬리는 영국의 전통적 성공회 가정에서 자랐다. 대학에 가서 새로운 철학적 관점을 다양하게 접한 그는 삶에 고유한 의미가 없다고 결론지었다. 그러나 훗날 본인도 인정했듯이, 그의 "무의미성(meaninglessness)의 철학"은 기독교 도덕에서 벗어나려는 "해방의 도구"이자 편리한 구실이었다. 그와 친구들이 "이 도덕을 배격한 이유는 그것이 자유로운 성생활에 걸림돌이 되었기 때문이다." 다시 말해서 그가 신이 없기를 바란 이유는 아무하고나 잠자리를 하고 싶어서였다. 그는 이른바 "에로틱한 반란"을 무의미성의 철학으로 정당화한 것이다.[2] 그의 말대로 행여 우리는 철학자들의 철학적 사유가 순전히 객관적이라고 생각해서는 안 된다.

하나님보다 다른 것을 앞세우는 죄를 통해 우리가 채우려는 것이 비단 성 충동만은 아니다. 당신이 용서해야 하는 줄 알면서도 계속해서 누군가에게 원한을 품고 있다 해 보자. 그러면 당신의 사고는 어떻게 될까?

원한을 품으려면 당신이 그 사람보다 낫다는 도덕적 우월감이 전제되어야 한다. 상대와 똑같은 잘못을 범하며 사는 자신의 모습은 눈에 안 보인다. 그러다 보니 당신은 자신도 그 원한의 대상처럼 연약하고 흠 많은 죄인이라는 증거가 제시되면 그 증거를 차단한다. 차마 그 진실을 대면하지 못하는 것이다. 자신의 도덕적 결함을 직시하면서 복수를 꿈꿀 수는 없기 때문이다.

그뿐만 아니라 자신이 용서하지 않으려는 상대가 생각만큼 나쁜 사람이 아니라는 증거도 재빠르게 차단한다. 상대의 선행조차도 사실은 악하다고 예단한다. "물론 그가 자기 어머니에게 그렇게 한 거야 잘한 일이지만, 진짜 속셈은 어떻게든 무언가 얻어 내려는 거였어." 어떻게든 자신을 합리화하기에 바쁘다. 죄는 내성 효과를 통해 당신의 감정은 물론이고 사고까지 망가뜨린다. 당신은 더 이상 제대로 사고할 수 없게 된다.

결국 당신의 의지마저 사라진다. 본문에도 그 과정이 어떻게 펼쳐지는지 잘 나와 있다. 4절에서 이스라엘 백성은 이런 말로 마음 깊은 곳의 본심을 드러낸다. "우리에게 먹을 고기만 있다면!"(NIV)

"~만 있다면"이라는 표현이 결정적인 증거다. 신학자 조나단 에드워즈는 죄가 마음을 불로 만든다고 말했다.[3] 성경에도 불이 결코 "이 정도 연료면 충분하니 이제 됐다"라고 말하는 법은 없다는 말씀이 있다.[4] 마찬가지로 죄에 물든 마음도 "성공은 이만하면 됐다. 사랑도 인정도 위로도 충분히 받았다"라고 말하는 법이 없다. 아니, 오히려 그 반대다. 불에 연료를 더할수록 불꽃은 더 거세게 타오르며, 기세를 이어 가기 위해 더 많은 연료를 필요로 한다. 이것이 불의 본질이다. 끊임없이 '더 많이'를 갈망하다 결국 송두리째 태워 버린다.

그렇다면 당신 마음속에서 타오르는 이 불의 정체를 어떻게 들추어낼 수 있을까? 다음번에 짜증 나거나 낙심되거나 죽도록 두려울 때 이렇게 자문해 보라. "내게 **이것만 있다면** 행복해질 거라고 생각하는 것은 무엇인가?" 짜

증과 낙심, 두려움이라는 감정 밑바닥에 "~만 있다면"이 도사리고 있다. 당신이 들추어낸 답이 무엇이든 '이것만 있다면'이라고 말하는 바로 그 대상이 당신을 부리는 주인이 된다. 그리고 그것이 당신의 의지를 파괴한다.

거짓말은 또 다른 거짓말을 부른다. 시기는 더 큰 시기를, 인종 차별은 더 많은 인종 차별적 사고를 낳는다. 질투와 원한을 비롯한 모든 죄가 다 그런 식으로 작동한다.

우리가 탐하는 대상이 주인이 되어 우리를 노예로 부린다. 우리 마음속에 "~만 있다면"이라는 생각의 불을 지피기 때문이다. "이것만 있다면 모든 게 괜찮아질 거야"라는 생각은 블랙홀처럼 우리 삶을 빨아들인다. 그러고는 불행을 퇴치해 준답시고 속이면서 끊임없이 더 많은 것을 요구한다.

이렇게 우리를 노예로 삼는 죄에서 해방되려면 어떻게 해야 할까? 어떻게 해야 치유될 수 있을까? 본문에서 어떻게 행동해야 할지에 대한 본보기는 거의 찾을 수 없지만, 이 질문에 답하는 데 도움이 될 아주 중요한 통찰을 몇 가지 얻을 수 있다.

외부의 개입이 필요하다

20절에서 보듯이 모세는 이스라엘 백성에게 가서 "너

희가 주를 거부했다"라고 전한다(NIV). 이렇듯 잘못을 지적해 주는 말이 우리에게도 필요하다. 누군가 와서 "당신은 당신 삶의 문제가 이것이라고 생각하지만 그렇지 않아요. 당신의 진짜 문제는 당신이 하나님을 거부한 것입니다"라고 말해 주어야 한다. 외부의 존재나 사건이 우리를 깨워 주어야 한다. 우리 스스로는 결코 깨어날 수 없다.

누군가 우리를 찾아와 진실을 말해 주어야 한다. 지금 우리 삶의 중심에서 타오르는 불이 하나님이 아니라고 말이다. 하나님이 우리 삶의 중심이 아니라면 우리는 이미 다른 무언가의 노예이면서도 그 사실조차 모르고 있는 것이다. 자신이 노예임을 모르는 사람보다 더 철저히 예속된 사람은 없다.

중독 회복을 위한 12단계 프로그램에서는 누구나 이 사실을 잘 안다. "내 힘으로 끊을 수 있다"고 믿는 사람은 무력한 상태에 빠지지만, "나는 무력하다. 도움이 필요하다"라고 시인하는 사람은 비로소 힘을 공급받기 시작한다.

이 원리는 영적으로도 적용된다. "나는 그렇게까지 길을 잃은 것도 아니고 그렇게까지 악하지도 않다. 내 욕망의 노예도 아니며 선을 행할 힘이 없는 것도 아니다. 나는 대체로 선한 편이다"라고 생각한다면 당신은 무력하다. 하지만 "나를 만족시킬 수 없는 것들에 내 마음을 불태워 왔다. 나는 옳은 일을 하지 않는다. 달라지려면 나보다 훨씬 큰 누군가의 도움이 필요하다"라고 시인한다면 당신은 이미 그 노예 신분에서 벗어나기 시작한 것이다.

하나님을 맛볼 때

자유를 얻는 길에 대한 또 다른 통찰이 20절에 나온다. 히브리어 원문은 "몹시 싫어하다"(loathe)와 "거부하다"(reject)라는 두 단어를 서로 연결한다(NIV; 개역개정은 각각 "싫어하다"와 "멸시하다"로 옮겼다-편집자). "너희가 고기를 몹시 싫어하게 될 것인데, 그 이유는 나를 거부했기 때문이다." 이스라엘 백성이 다른 모든 것에 대한 입맛을 잃었듯이 하나님에 대한 입맛마저 잃어버렸다는 뜻이다.

당신이 습관적인 죄에 지배당하는 그리스도인이라면, 스스로 팔목을 때리며 "나쁜 그리스도인 같으니! 이제 그만해!"라고 자책하는 것만으로는 부족하다. "다음번에는 더 열심히 해 봐야지"라고 결심하는 것만으로도 부족하다. 그 정도가 전부라면 어느새 당신은 제자리로 돌아가 똑같은 죄를 짓고 또 지을 것이 뻔하다.

답은 여기 있다. 당신이 습관적인 죄의 지배에서 헤어나지 못하는 진짜 이유는 더 나은 것에 대한 '식욕'이 없어서다. 단순히 하나님을 믿어야 한다거나 그분께 순종해야 한다는 말이 아니다. 하나님을 **맛보아야** 한다는 말이다. 이 말이 무슨 뜻일까?

습관적인 죄의 지배에서 벗어나는 길은 바로 예배다. 그것이 영적 노예 상태에서 해방되는 비결이다. 마음에서 우러난 깊은 예배가 필요하다. 눈물이 날 만큼 뭉클하고, 기쁨이 가득 차오르는 예배 말이다. 하나님이 누구신지, 그분이 당신을 위해 무엇을 하셨는지 그 압도적인 위대함을 전 인격으로 느껴야 한다. 꾸준히 그래야 한다. 대체 어떻게 그럴 수 있을까?

캐시와 내게 도움이 된 예화가 있다. 당신이 사랑하는 사람에게 가서 이렇게 말한다고 해 보자. "화요일 저녁 8시부터 8시 반까지 당신의 마음을 내게 쏟아 내세요. 속상한 일, 두려운 일, 삶을 헤쳐 나갈 수 있을까 싶은 염려를 모조리 털어놓는 거예요. 그러면 내가 당신에게 손을 얹고 '당신은 아주 잘하고 있고, 앞으로도 거뜬히 해낼 거예요. 내가 당신 곁에 있어요'라고 말해 줄게요. 그 시간이 끝나면 그 시간이 당신에게 얼마나 의미가 있었는지 내게 알려 주세요. 화요일 저녁 8시입니다!" 당신이 이렇게 말한다면 사랑하는 상대가 어떤 반응을 보일까?

인격적인 관계는 그런 식으로 쌓이지 않는다. 가령 당신이 부모라면, 복잡한 세금 신고를 준비하거나 공과금을 내거나 집안일을 할 때도 아이들이 있는 곳에서 그 일을 해야 한다. 늘 아이들이 다가올 수 있는 거리에 있어야 한다는 뜻이다. 언제 어느 자녀가 다가와 "나 무서워"라고 말할지 모르기 때문이다. 그런 **결정적인** 순간을 포착하려면 평소에 **아주 많은** 시간을 함께 보내는 수밖에 없다. 그러면서 특별한 순간이 찾아오기를 기다려야 한다.

하나님을 대할 때도 마찬가지다. 시간을 내서 그분을 구해야 한다. 시간을 내서 그분의 말씀을 읽어야 한다. 시간을 내서 공예배에 동참해야 한다. 반드시 그래야 한다. 물론 눈물과 영광이 가득한 예배의 순간이 매번 찾아오지는 않겠지만, 그런 순간을 **한 번이라도** 경험하려면 그 일이 일어날 수 있도록 충분한 시간을 내어드리는 수밖에 없다. 즉 그분을 구하고, 그분을 묵상하며, 그분을 예배하고, 그분께 기도하는 것이다. 우리 마음속에서 "~만 있다면"이라고 속삭이며 타오르는 작은 불을 대체할 수 있는 것은 오직 예배뿐이다.

이렇게 말하는 새로운 불이 당신에게 필요하다. "주님을 뵈올 수만 있다면, 그분을 내 마음 가까이 모실 수만 있다면, 내가 아는 주님의 위대하심을 온 마음으로 실감할 수만 있다면, 그분의 달콤한 은혜를 느끼고 맛볼 수만 있다면……." 이 불이 당신의 마음속에 타오르고 있다면 당신은 자유롭다. 이제 자신에게 이렇게 말할 수 있다. "내게 하나님이 계시니, 그 사람이 나를 무시한들 무슨 대수겠으며, 내 나이 서른다섯에 아직 싱글이라 한들 무슨 상관이랴? 나는 자유롭다. 내게는 하나님이 계시니까."

당신의 마음속에 그 불이 타오르려면 하나님을 예배하는 수밖에 없다. 예배하고, 예배하고, 또 예배하라. 그분을 예배해야 식욕이 살아난다. 시편 34편 8절에 "너희는 여호와의 선하심을 맛보아 알지어다"라고 한 것과 같다. 주님의 선하심을 맛볼 때 일반적인 내성 효과는 정반대로 뒤집힌다. 세상 그 무엇과도 달리 그분의 자비만은 아침마다 새롭다는 것을 당신도 알지 않는가? 다른 것은 다 낡아진다. 결국 당신을 채워 주기에는 역부족이다. 그 맛이 다 빠져 버리고 만다. 그러나 주님은 날마다 충분하고도 남게 후히 주신다.

당신은 이런 경험을 해 보았는가? 평생 알아온 성경 구절이 갑자기 새롭게 느껴진 적이 있는가? 오랫동안 불러온 찬양인데도, 하나님의 선하심이 전과는 다르게 새록새록 가슴에 와닿는 경험을 해 보았는가? 우리를 노예로 부리지 않으시는 주인, 용서하시는 주인은 하나님뿐이다. 그분의 자비만이 아침마다 늘 새롭다.

더 나은 모세, 구주 예수

끝으로, 우리를 단번에 영원히 구원해 줄 진정한 구원자가 필요하다. 첫 번째 모세가 실패한 지점에서 성공을 거둔 '진짜 모세'가 필요하다. 이스라엘 백성이 원망을 토로할 때 모세가 하나님께 아뢴 말을 내가 조금 풀어 써 보겠다. "이 백성들의 죄가 쉴 새 없이 제 어깨를 짓누릅니다.

이들은 죄인입니다. 젖먹이요, 갓난아이일 뿐인 이들의 죄를 온통 제가 다 떠안고 있습니다. 제가 명색이 이들의 영적 지도자라지만, 이제는 도저히 버틸 수 없습니다. 이들을 약속의 땅으로 데려가는 짐을 지느니, 차라리 지금 여기서 죽는 편이 낫겠습니다.”

히브리서 3장에 보면, 다행히 모세보다 나은 분이 우리의 죄 짐을 지고 우리를 약속의 땅으로 인도하실 **목적으로** 기꺼이 죽으셨다. 이 ‘더 나은 모세’는 “이 짐을 지느니 차라리 죽는 편이 낫겠다”라고 말하는 대신 “내가 죽을 것이다. **그리하여** 이 짐을 질 것이다”라고 말씀하셨다. 예수님이 자유를 잃으심으로 우리는 해방을 누릴 수 있다. 그분이 십자가에 못 박히심으로 우리는 차꼬에서 풀려날 수 있다. 그분이 어둠의 사슬에 결박당하신 덕분에 우리는 마음껏 비상할 수 있고, 달음박질하여도 곤비하지 않으며 걸어가도 피곤하지 않을 수 있다.

우리에게는 이스라엘 백성에게 없었던 ‘더 나은 모세’가 있다. 이 장에서 다룬 성경 본문에 우리가 본받을 만한 행동 사례는 하나도 없지만, 본문 전체가 결국 한 분을 가리켜 보인다. 그분은 아침마다 자비가 새로운 분이요, 우리의 짐을 대신 지신 분이다. 그분을 섬기는 삶이야말로 자유의 극치다. 실제로 그분은 이렇게 말씀하셨다. “죄를 범하는 자마다 죄의 종이다. 그러나 너희가 진리를 알고 내 진리 안에 거하면 진리가 너희를 자유롭게 할 것이다.”

아버지, 죄의 중독에서 완전히 벗어날 길을

열어 주셔서 감사합니다.

제게 그 참된 자유를 허락하여 주소서.

예배 가운데 저를 만나 주시고,

주님을 맛보려는 갈망이 다른 모든 욕구를 압도하게 하소서.

무엇보다 주님을 간절히 바라고,

주님이 주시는 자유를 사모하는 열정으로

제 마음이 타오르게 하소서.

메추라기가 쏟아지기 전에

저 자신을 거룩하게 구별하도록 가르쳐 주소서.

제 마음과 생각과 의지가 바짝 메마른 채

그저 욕망을 채우는 데 급급하다가

죽음에 이르는 일이 없게 하소서.

아버지, 주님의 선하심을 더 깊이 맛볼수록

제 주변의 모든 삶도 참된 맛을 찾아갑니다.

주님을 삶의 첫자리에 모실 때 비로소 저는

연애나 성공, 커리어 같은 것들의 노예가 되지 않고

그 모든 선물을 온전히 즐길 수 있습니다.

저의 모든 죄를 짊어지신 더 나은 모세, 그리스도를 의지하여

제가 참으로 하나님의 자녀로서 살아가게 하소서.

주님이 십자가에 못 박히심으로 제가 자유를 얻었습니다.

감사드리며 예수님의 이름으로 기도합니다. 아멘.

What is Wrong with the World?

Part 2

답 없는
죄인들의 골짜기에
빛이 임하다

∘ 죄의 독성을 무력화하는 '복음'의 해독제 ∘

9. 죽음을 통과해 부활에 이르는 참된 회개의 기적

healing of sin: true repentance

시편 51편 1-10절

1 하나님이여 주의 인자를 따라 내게 은혜를 베푸시며 주의 많은 긍휼을 따라 내 죄악을 지워 주소서 2 나의 죄악을 말갛게 씻으시며 나의 죄를 깨끗이 제하소서

3 무릇 나는 내 죄과를 아오니 내 죄가 항상 내 앞에 있나이다 4 내가 주께만 범죄하여 주의 목전에 악을 행하였사오니 주께서 말씀하실 때에 의로우시다 하고 주께서 심판하실 때에 순전하시다 하리이다 5 내가 죄악 중에서 출생하였음이여 어머니가 죄 중에서 나를 잉태하였나이다

6 보소서 주께서는 중심이 진실함을 원하시오니 내게 지혜를 은밀히 가르치시리이다 7 우슬초로 나를 정결하게 하소서 내가 정하리이다 나의 죄를 씻어 주소서 내가 눈보다 희리이다 8 내게 즐겁고 기쁜 소리를 들려 주시사 주께서 꺾으신 뼈들도 즐거워하게 하소서 9 주의 얼굴을 내 죄에서 돌이키시고 내 모든 죄악을 지워 주소서

10 하나님이여 내 속에 정한 마음을 창조하시고 내 안에 정직한 영을 새롭게 하소서

언젠가 이런 말을 들은 적이 있다. "그러니까 결국 사람은 정말 바뀌지 않아." 그 말을 듣는 순간 내 피가 얼어붙는 것 같았다. 그 진술은 기독교의 핵심 메시지인 복음을 부정하는 말이자 "예수님은 자신이 하나님이라고 말씀하셨지만, 사실은 하나님이 아니야"라고 단언하는 것이나 다름없기 때문이다. 이번 장에서 우리는 인간이 겪을 수 있는 가장 깊은 변화, 곧 죄의 치유가 어떻게 이루어지는지 살펴보려 한다.

1970년에 내 삶은 단순히 종교를 따르던 수준에서 예수님을 제대로 믿는 쪽으로 넘어왔다. 그러나 그 후 적어도 3년 동안은, 성경이 말하는 변화라는 것이 내 삶에 거의 일어나지 않았다. 도저히 바뀌지 않는 생각과 습관과 감정 때문에 늘 괴로웠다. 그러다 사역 훈련을 받으러 신학교에 들어갔다. 첫 학기 수강 과목 중에 고전들을 읽어야 하는 강의가 있었다. 그중 두 권은 고전 작가들이 이른바 '죄 죽이기'라고 부르던 주제를 다루고 있었다. '죄 죽이기'란 회개를 가리키는 예스럽고도 범상치 않은 표현이다. 그 고전들을 읽으며 나는 깨달았다. 내 문제는 바로 내가 회개하는 법을 모른다는 사실이었다.

내가 회개하는 법을 몰랐던 이유는 오늘날 대다수 사

람이 회개하는 법을 모르는 이유와 동일하다. 이미 안다고 생각하는 것이다. 이미 안다고 생각하는 것을 배우려는 사람은 드물다. 숨 쉬는 법을 수강하는 사람이 거의 없듯이 회개하는 법을 공부하는 사람도 같은 이유에서 드물다. 우리는 "물론 회개해야지. 나도 잘못한 게 있으면 회개하거든. 비통해하면서 죄송하다고 아뢰는 거지"라고 생각한다. 그러나 참된 회개를 이해하지 않는 한 당신의 삶에는 복음의 능력이 발휘되지 못하고 사장될 뿐이다. 만일 당신이 변화를 원하고 구한다면 당신에게 꼭 필요한 변화를 이루는 비결은 바로 회개다.

시편 51편은 성경에서 회개를 주제로 한 가장 탁월한 본문일 것이다. 우리 죄를 치유받는 열쇠가 거기에 있다. 우선 시의 발단이 된 역사적 사건부터 봐야 한다. 다윗이 쓴 이 시의 맥락은 사무엘하 11-12장에 나와 있다. 대부분의 역본에 소개된 시 제목만 봐도 어떤 상황에서 썼는지를 대략 알 수 있다.

시편 51편의 제목은 "다윗의 시 …… 다윗이 밧세바와 동침한 후 선지자 나단이 그에게 왔을 때"라고 달려 있다. 잘 알려진 이야기다. 헷 사람 우리아는 다윗의 가장 충실하고 훌륭한 친구 가운데 하나로서, 사울이 다윗을 죽이려 할 때 다윗과 함께 광야를 전전한 37명의 용사에도 이름을 올렸다(사무엘하 23장 39절). 그들은 목숨을 걸고 다윗을 지켰다. 그들이 아니었다면 다윗은 분명 살해됐을 것이다.

다윗의 목숨은 우리아와 그들에게 빚진 것이었다.

이 시의 배경이 된 사건이 벌어질 당시, 우리아는 전쟁터에서 이스라엘 군대 소속의 충직한 군인으로서 암몬 족속과 싸우고 있었다. 그런데 그 와중에 예루살렘에 남아 있던 다윗왕은 우리아의 아내 밧세바를 보고는 정욕에 이끌려 그녀와 동침했다. 그리고 그녀는 임신했다. 남편이 출전하여 집을 비운 상황에서 이는 당연히 심각한 문젯거리였다. 그래서 다윗은 자신의 간음을 덮으려고 전선에 있던 우리아를 불러들인나. 표면적으로는 진황을 보고받는다는 구실로 우리아를 불러들였으나, 실상은 그를 꾀어 아내와 동침하게 하려는 속셈이었다. 우리아가 자신이 저지른 부정행위를 일절 의심하지 못하도록 말이다.

다윗은 우리아의 보고를 들으면서 이것저것 물으며 날이 저물 때까지 그를 머물게 했다. 충분한 시간이 지나자 다윗은 우리아에게 전선으로 돌아가기 전에 하룻밤 집에 가서 쉬라고 말했다. 맛있는 음식도 먹고 목욕도 하고 아내와 함께하라고 권했다.

하지만 우리아는 사양하며 다윗에게 이렇게 말한다. "언약궤와 이스라엘과 유다가 야영 중에 있고 내 주 요압과 내 왕의 부하들이 바깥 들에 진 치고 있거늘 내가 어찌 내 집으로 가서 먹고 마시고 내 처와 같이 자리이까 내가 이 일을 행하지 아니하기로 왕의 살아 계심과 왕의 혼의 살아 계심을 두고 맹세하나이다"(사무엘하 11장 11절).

우리아의 충정과 올곧은 성품이 대단하지 않은가? 하지만 그가 집에 가지 않는 바람에 다윗의 발등에 불이 떨어졌다. 다윗은 요압 장군에게 전갈을 보낸다. "너희가 우리아를 맹렬한 싸움에 앞세워 두고 너희는 뒤로 물러가서 그로 맞아 죽게 하라"(15절).

요압은 명령대로 수행한다. 우리아가 전사하자마자 밧세바는 애도 기간을 가졌다. 애도 기간이 끝나자 다윗은 그녀와 결혼했고 그녀는 아이를 낳았다. 다윗은 모든 일이 다 잘 해결되었다고 안심했다. 그때 선지자 나단이 찾아와서 다윗에게 이렇게 말한다. 인류 역사상 가장 위대한 설교 가운데 하나다.

한 성읍에 두 사람이 있는데 한 사람은 부하고 한 사람은
가난하니 그 부한 사람은 양과 소가 심히 많으나 가난한
사람은 아무것도 없고 자기가 사서 기르는 작은 암양
새끼 한 마리뿐이라 그 암양 새끼는 그와 그의 자식과
함께 자라며 그가 먹는 것을 먹으며 그의 잔으로 마시며
그의 품에 누우므로 그에게는 딸처럼 되었거늘 어떤
행인이 그 부자에게 오매 부자가 자기에게 온 행인을
위하여 자기의 양과 소를 아껴 잡지 아니하고 가난한
사람의 양 새끼를 빼앗아다가 자기에게 온 사람을
위하여 잡았나이다.

◇ 사무엘하 12장 1-4절

사무엘하 12장 본문에 보면 다윗은 "노하여" 나단에게 말한다. "여호와의 살아 계심을 두고 맹세하노니 이 일을 행한 그 사람은 마땅히 죽을 자라 그가 불쌍히 여기지 아니하고 이런 일을 행하였으니 그 양 새끼를 네 배나 갚아 주어야 하리라"(5-6절). 이렇게 말한 셈이다. "매정한 사람 같으니라고! 이 나라에 정의가 없다고 생각하는 것인가? 그자를 내 앞에 데려오시오. 대체 그자가 누구요?"

선지자 나단은 왕인 다윗에게 "당신이 그 사람이라"라고 말한다(7절). 역사상 이보다 뼈아픈 설교의 적용이 또 있었을까.

이 설교가 다윗에게 미친 영향을 살펴보기에 앞서, 당신 삶 속에 있는 '나단들'로 인해 하나님께 감사하기를 권한다. 우리 마음에 하나님의 말씀을 비추어 주는 이들이 없다면 우리는 이미 죽었을 것이다. 그들이 없이는 우리가 말씀이 명하는 대로 행할 수 없었을 테니 말이다. 내게도 여러 명의 나단이 있는데, 감사하게도 아내 역시 그중 한 사람이다.

당신의 삶에도 나단들이 있는가? 당신은 그들이 나단의 역할을 하도록 자리를 내어 주는가? 당신도 누군가에게 나단인가? 나단도 자신을 깨우쳐 줄 또 다른 나단이 없이는 나단이 될 수 없다. 우리는 그들의 존재를 감사해야 한다. 그런데 대개 그들의 직언을 듣고 나서 한두 해쯤 지나서야 비로소 감사를 느끼는 경우가 많다.

나단의 책망을 듣고 다윗은 망연자실하여 깊은 절망에 빠졌다. 그의 모든 것이 위태롭게 흔들리고 있었다. 그는 자신의 삶을 망쳐 버렸다. 그런 일을 저지르고도 어떻게 계속 왕위를 보전할 수 있겠는가? 하나님을 다시 대면하는 것은 고사하고, 거울 속 자신을 똑바로 쳐다볼 수나 있겠는가? 어떻게 스스로 목숨을 끊지 않고 버틸 수 있겠는가?

시편 51편에는 다윗이 절망의 심연에서 어떻게 벗어났는지 기록되어 있다. 아니, 그는 절망을 벗어난 정도가 아니라 승리했다. 이전보다 더 위대한 지도자이자 더 위대한 하나님의 사람이 된 것이다. 그런 처참한 실패를 겪고도 어떻게 그게 가능했을까? 회개했기 때문이다. 당신은 이렇게 생각할지도 모르겠다. "이해할 수 없어. 나는 회개할 때마다 내가 더럽고 추하고 나약한 존재라는 사실만 뼈저리게 느껴져서 오히려 기분만 더 나빠지던데⋯⋯. 다윗은 어떻게 회개하고 나서 이전보다 더 나은 사람이 될 수 있었던 거지?"

참으로 놀라운 반전이다. 다음 장에서 더 살펴보겠지만 여기서는 다윗이 결국 노래했다는 점만 지적한다. 본문 14-15절에 나와 있다.

내 혀가 주의 의를 높이 노래하리이다
주여 내 입술을 열어 주소서
내 입이 주를 찬송하여 전파하리이다.

보다시피 그는 하나님의 자비를 노래한 게 아니다. 그분의 의를 노래하고 있다. 어떻게 범죄한 다윗이 하나님의 거룩하심과 의로우심이 위로가 되는 지점까지 나아갈 수 있었을까? 이런 담대함은 어디서 온 것일까? 바로 회개다.

이 이야기가 첫 번째로 말해 주는 것은 우리 모두에게 회개가 절실히 필요하다는 것이다. 이 말이 무슨 뜻일까? 우리 대부분은 간음을 숨기기 위해 살인을 저지른 적은 없지 않은가? 하지만 그렇게 생각하면 핵심을 놓친다.

다윗은 역사의 위인이자, 성경에서 예수님을 예표하는 가장 핵심적인 인물이다. 메시아는 "다윗의 자손"으로 지칭된다. 왜일까? 다윗이 모든 것을 갖춘 인물이었기 때문이다. 그는 예술가이자 시인이었으며, 그가 남긴 노래들은 수 세기가 지난 오늘날까지도 울려 퍼지고 있다. 그는 위대한 지도자이자 용감한 전사였고, 주님께 사랑을 받는 사람이었다. 다윗보다 위대한 사람은 없었다.

여기서 한 가지 의문이 생긴다. 그 위대한 다윗조차 마음속에 죄를 품고 있었거늘, 우리는 무슨 근거로 그런 죄와 무관하다고 생각하는가? 다윗 같은 인물도 그런 악을 저지를 수 있었다면 우리 역시 마찬가지 아니겠는가? 다윗이 회개하지 않고 방치한 마음의 문제들이 결국 터져 나와 그의 삶을 무너뜨렸다면, **우리** 안에도 그와 같은 문제들이 잠재되어 있다고 봐야 하지 않겠는가? 우리에게도 회개가 필요하다.

회개의 능력은 실로 놀랍다. 목회한 지 오래다 보니 사람들에게서 자신의 삶을 망친 이야기를 많이 듣는데, 그 중에 다윗보다 더 심한 경우는 없었던 것 같다. 그런데 그런 다윗도 결국 다시 승리했다.

다만 그러기 위해서는 회개의 모든 요소가 빠짐없이 갖춰져야 했다. 오늘날 우리도 마찬가지다. 회개했는데도 기쁨 대신 죄책감과 두려움이 밀려온다면, 당신은 진정으로 회개한 것이 아니다. 진정한 변화 없이 똑같은 죄를 반복하며 제자리걸음이라면, 당신은 아직 회개를 시작하지 않았거나, 제대로 회개하지 않았거나, 혹은 순전한 마음으로 회개하지 않은 것이다.

올바른 회개의 방법을 알고 싶다면 4절에 나오는 참된 회개의 네 가지 필수 요소를 보라.

내가 주께만 범죄하여
주의 목전에 악을 행하였사오니
주께서 말씀하실 때에 의로우시다 하고
주께서 심판(판단)하실 때에 순전하시다 하리이다.

청교도들은 회개의 이 네 가지 원리를 이렇게 표현했다. 우리는 자신의 죄를 보고, 죄를 자백하며, 죄를 애통하고, 죄를 미워해야 한다.[1] 보고, 자백하며, 애통하고, 미워해야 한다.

앞의 두 단계, 즉 죄를 보고 자백하는 것은 지적이고 인지적인 영역에 속한다. 이는 여러모로 감정과는 무관한 훈련이며, 우리의 깊은 사고력을 요구한다. 하지만 이 두 단계를 제대로 수행하면, 죄를 애통하고 미워하는 나머지 두 단계가 당신의 삶에 지각변동을 일으킬 것이다. 감정이 격렬하게 요동치며 마침내 삶이 변화될 것이다.

#1 나의 죄를 보기

회개의 첫 번째 원리대로 다윗은 자신의 죄를 보았다. "주의 목전에" 악을 행하고 범죄했다는 그의 고백을 보아 알 수 있다. 이것은 인지 행위다. 회개의 첫 번째 단계는 하나님의 진리와 율법과 말씀으로 자신의 양심을 교육하는 것이다. 그래야 자신의 죄책이 합당한 것이고 정도에 맞는지를 확실히 알 수 있다. 자신의 죄를 있는 그대로 봐야 한다. 그러려면 죄를 하나님의 관점에서 봐야만 한다.

이 과정은 매우 중요하며 보기만큼 단순하지 않다. 죄를 하나님의 관점이 아닌 다른 관점에서 보지 않도록 각별히 조심해야 한다. 어머니나 아버지의 관점에서 자신의 죄를 보지 말라. 친구들의 관점에서도 보지 말라. 은연중에 혹은 무의식중에 자신에게 이렇게 말하지 말라. "아버지 보기에 난 죄를 지었어. 친구들 보기에 난 죄를 지었어.〈뉴욕 타임스〉(*The New York Times*)의 사설이나 칼럼을 기준으로 볼 때 난 죄를 지었어.” 심지어 “내 감정이 이렇게 괴로운 걸 보니 난 분명 죄를 지은 거야”라고 생각하는 것조차 조심하라.

우리 시대에는 “내가 보기에 난 죄를 지었어. 내 기준에 미치지 못했어”라고 생각하는 경향이 흔하다. 하지만 당신의 기준이 무슨 상관인가? 회개는 우리가 **하나님의** 기준에 이르지 못했을 때 필요한 것이다. 그렇기에 다윗은 남들의 평가를 거부할 뿐 아니라 스스로를 판단하는 일조차 하지 않는다. 그는 오직 하나님의 시선 앞에서, 즉 하나님이 보시기에 죄를 지었음을 인정할 뿐이다.

앞서 7장에서 소개한 레베카 피펏과 심리학 수업의 이야기를 떠올려 보라. 환자의 딜레마를 어떻게 해결해야 하느냐는 피펏의 질문에 교수가 답변했듯이, 심리학은 우리에게 남을 용서하는 능력도, 용서를 받아들이는 능력도 줄 수 없다. 심리학이 주는 유익이 많긴 하지만 결국 죄책의 문제는 해결해 줄 수 없다. 앞서 언급했듯이 심리학은 과학이다. 과학은 실제로 벌어지는 현상, 즉 인간이 어떻게 학습하고 반응하며 처리하는지만을 논할 뿐이다. 과학은 우리에게 ‘이렇다’는 **사실**을 말해 줄 수 있을 뿐 ‘이래야 한다’는 **당위**는 결코 말해 줄 수 없다.

당신에게 어떤 종류든 죄책이 있다면 세속의 과학적 방법으로는 그것을 제대로 해결할 길이 없다. 죄책을 참되게 다루려면 우선 이렇게 물어야만 한다. "이건 합당한 죄책인가? 마땅히 죄책감이 들어야 할 상황인가, 아니면 그렇지 않은가? 이 죄책감이 실제보다 과한 것은 아닌가? 정말 내가 잘못을 범한 것인가, 아니면 그저 잘못했다는 기분에 빠져 있는 것인가?"

상담자가 특정 사안에 대해 죄책감을 느낄 필요가 없다고 대놓고 말하거나 넌지시 암시하는 경우가 많은데, 이는 과학적 진단이라기보다 엄연히 종교적 행위에 가깝다. "이것은 옳고 저것은 그릅니다. 이번 일에 대해 당신이 느끼는 죄책감은 너무 과합니다"라고 주장하는 순간, 그 사람은 이미 도덕 기준의 영역에 들어선 것이기 때문이다. 알다시피 도덕 기준은 이성적 추론과 믿음의 문제다.

죄책을 해결하려면 결코 피할 수 없는 질문이 있다. "무엇이 절대적으로 옳고 무엇이 절대적으로 그른가?" 자신의 내면을 봐서는 인류 보편에 적용되는 절대 기준을 알아낼 수 없다. 자기 감정에 의존해서도 안 된다. 양심은 고장 난 화재경보기와 같다. 우리 아파트의 화재경보기는 성냥 하나만 그어도 울린다. 촛불 하나만 켜도 갑자기 요란하게 울린다. 화재가 날 위험이 전혀 없는데도 말이다. 반대로 어떤 화재경보기는 사람의 몸이 화염에 휩싸일 때까지도 침묵을 지킨다.

화재경보기가 제대로 작동하려면 기준에 맞춰 잘 조정되어 있어야 한다. 양심도 마찬가지다. 어떤 양심은 작고 사소한 일로도 사람을 절망과 자살 충동으로 몰아간다. 본인의 기준으로는 잘못된 일이 아닌데, 자신을 둘러싼 문화나 부모, 친구가 그것을 잘못이라고 주입하면 그렇게 된다. 어떤 이들의 양심은 본인의 엄격한 기준에 자신이 미치지 못한다고 늘 경고한다. 누가 봐도 잘하고 있는데 말이다. 그런가 하면 웬만큼 중대한 위법 행위가 아니고는 아예 가책을 느끼지 못하는 양심도 있다. 당신의 행위가 정말 잘못된 것인지 어떻게 아는가? 당신의 양심을 봐서는 분간할 수 없다.

세상에는 죄책의 해법이 없다는 사실이 이제 분명하지 않은가? 옳고 그름을 분별하려면 단지 자신의 마음만 들여다보는 것으로는 부족하다. 마음을 **교육**해야 한다. 즉, "하나님은 이 일을 어떻게 보실까?" 하고 물어야 한다. 그 답을 찾으려면 성경에 나타난 하나님의 도덕법을 살피는 방법밖에 없다. 다른 길은 없다. 당신의 죄를 하나님이 보시는 그대로 직시해야 한다. 당신은 과연 "**주의 목전에**" 죄를 지었는가?

#2 나의 죄를 자백하기

참된 회개의 두 번째 요소는 죄를 자백하는 것이다. 자신이 책임져야 한다. 다윗도 책임지고 "내가 …… 범죄하여 …… 악을 행하였사오니”라고 시인했다(4절). 그가 처한 곤경은 그가 저지른 죄로 말미암은 것이었고, 마땅히 본인이 책임져야 했다.

이 책 전체는 “대체 세상은 왜 이럴까? 어떻게 인간은 이토록 끔찍한 일을 저지를 수 있는 걸까?”라는 질문에 답하려는 시도였다. 각 장에서 확인했듯이, 이는 결국 우리 마음속의 끈질긴 죄성 때문이다. 이 문제를 좀 더 깊이 파고들어 보겠다. 우리가 저지르는 끔찍한 일의 99퍼센트는 “자, 이제 우리 일어나서 악한 짓 좀 해 보자”라는 견심으로 시작되지 않는다. 우리가 잔혹한 일을 저지를 수 있는 이유는 무슨 수를 써서든 책임을 회피하기 때문이다.

모든 전쟁과 분쟁에서 이런 성향을 볼 수 있다. 한쪽이 자신들이 저지른 만행이 드러날 때 그들은 오히려 상대의 허물을 지적한다. “글쎄, 우리 쪽 잘못도 있겠지. 하지만.” 우리가 늘 입에 달고 사는 말이다. 하와가 “내 잘못도 있겠지. 하지만 뱀이……”라고 뱀을 탓하고, 아담이 “내 잘못도 있겠지. 하지만 하와가……”라며 하와를 탓한 것처럼 말이다. 이렇듯 우리는 어떻게든 “내 책임이 아니라 다른 사람 잘못이다”라고 우긴다. 다윗도 우리아를 죽음으로 내몬 뒤 변명하듯 반응했다. 요압에게 보낸 메시지가 그 증거다. “이 일로 걱정하지 말라 칼은 이 사람이나 저 사람이나 삼키느니라”(사무엘하 11장 25절). 한마디로, 우리아는 “암몬 사람이 죽였다”는 것이다.

다윗은 요압에게만 그렇게 말한 게 아니다. 사무엘하 11-12장을 쭉 보면 알겠지만 자기 내면에서도 이런 식으로 합리화했다. "아무렴 규율보다 내 욕구가 더 중요하지. 왕의 책무는 너무 버겁고 내가 치르고 있는 희생도 너무 크다. 하나님도 내가 불행하게 살기를 바라지 않으실 것이다. 나는 다른 어느 누구보다도 무거운 짐을 짊어졌으니 누구보다도 많은 위안을 받아야 한다." 그동안 내가 대화해 본 불륜을 저지른 모든 남자들도 속으로 이와 비슷하게 자신을 정당화했다.

분명히 당신도 온갖 변명을 들어 봤을 테고, 당신 쪽에서 그와 같이 변명한 적도 있을 것이다. "내 잘못도 있겠지. 하지만"이라고 말할 때마다 당신의 그 논리가 사상 최악의 모든 만행을 조장한 논리와 똑같다는 것을 아는가? 자신이 온전히 책임지지 않고서는 결코 죄에서 헤어날 수 없다.

다윗을 찾아와 "당신이 그 사람이라"라고 지적한 나단의 말은 이렇게 이어진다. "네가 칼로 헷 사람 우리아를 치되 암몬 자손의 칼로 죽이고"(사무엘하 12장 9절). 다윗도 회개하고 나서는 자신의 행동을 정당화하던 것을 그만둔다. 모든 변명을 멈추고 "내 죄다. 내가 죄를 지었다"라고 시인한다.

몇 년 전 나는 누군가 회개에 대해 이렇게 표현하는 말을 들었다. 바닥에 있는 통나무를 다른 곳으로 던져야 한다고 해 보자. 통나무 한쪽을 바닥에 둔 채로 다른 한쪽만 들어서는 어디로도 던질 수 없다. 그러나 가운데 부분을 잡으면 통째로 들어서 던질 수 있다. 그 무게를 내가 온전히 짊어지지 않고서는 결코 완전히 내다 버릴 수 없다.

기꺼이 자신에게 이렇게 말해야 한다. "부당한 상황이 내가 죄를 지은 **계기**로 작용했을 수는 있으나 내 죄의 **원인**은 아니다. 내가 원해서 한 일이다. 지금 내가 비참한 이유는 상황 때문이 아니라 상황에 대한 내 반응 때문이다. 내가 원해서 죄를 지었다."

직시할 것이 또 있다. 당신이 지금의 처지에 놓인 이유는 자신의 죄를 온전히 책임지지 않았기 때문이다. 많은 사람이 하나님 앞에서 회개했다고 생각하지만, 사실은 그 죄를 둘러싼 상황에 대해 하소연했을 뿐인 경우가 많다. 그들은 자신의 죄에 대한 책임을 받아들이지 않았고, 그리하여 지금의 처지에 머물러 있다. 통나무와 같이 죄도 그 무게를 내가 온전히 지지 않고는 완전히 버릴 수 없다.

#3 나의 죄를 애통하기

회개에 필요한 세 번째 단계는 죄를 애통하는 것이다. 다윗은 "내가 주께, 주께만 죄를 지었습니다"라고 하나님께 아뢴다(시편 51편 4절, NIV). 반복된 표현에 주목하라. 그냥 "주께만"이 아니라 "주께, 주께만"이다. 셈족 언어에서 반복법은 감정의 강도를 확실히 전달하는 효과적인 기법이다. 예를 들어 사랑하는 아들이 죽었을 때 다윗은 "내 아들 압살롬아 압살롬아 내 아들아 내 아들아"라고 부르짖는다(사무엘하 19장 4절). 반복은 격한 감정을 대변한다. 그래서 본문에서도 그는 "주께, 오직 주께만"이라 말한다. 자신의 죄를 깊이 슬퍼하고 애통하는 마음을 반복법으로 표현한 것이다.

그런데 이 "주께만"이라는 표현에는 큰 문제가 있어 보인다. 누구나 반감이 들 만한 표현이다. 다윗은 밧세바나 요압은 물론이고 최소한 우리아에게만은 분명히 씻을 수 없는 죄를 범하지 않았는가? 그런데 어떻게 하나님께만 죄를 지었다고 말할 수 있단 말인가?

이 질문에 대해서는 탄탄한 신학적 답변이 준비되어 있다. 하지만 이번 본문에서 다루고자 하는 핵심은 그 답변 이상의 의미를 담고 있다. 그래도 일단 그 답부터 확인해 보자. 성경에 따르면 타인을 해치는 것이 죄인 까닭은 그 사람이 하나님의 형상대로 지음받은 하나님의 소유이며, 하나님이 친히 존엄성을 부여하신 존재이기 때문이다.

당신이 만일 우리를 지으신 창조주는 없으며 모든 인간이 우연의 산물이라고 믿는다면, 사람 목숨이 귀하다는 주장에 대한 합리적 근거를 대 보라. 인간과 돌멩이의 도덕적 가치가 서로 다른 이유를 말해 보라. 당신은 "인간이 돌멩이보다 귀하다는 거야 누구나 알지 않는가?”라고 생각할지 모른다. 당연하다. 감정과 직관 차원에서 누구나 아는 진리다. 하지만 그렇게 믿을 만한 합리적 근거가 있는가?

하나님이 존재하지 않는다면 사람을 해치는 게 왜 잘못된 일인가? 나무를 베는 것보다 사람을 해치는 게 왜 더 나쁜가? 그런 관점대로라면 나무나 인간이나 다 우주에 우연히 생겨난 존재에 불과하지 않은가?

인간의 가치는 하나님의 형상대로 지음 받았다는 사실에 근거한다. 이 사실 때문에 ‘모든 죄가 하나님께 짓는 죄인 이유는 실제로 먼저 그분께 짓는 죄이기 때문이다’라는 논리가 성립된다. 그러나 다윗이 정말 하려는 말은 단지 이런 신학적인 명제가 아니다. 그가 그저 교리적으로 정확한 진술을 하려 했다면 “내가 무엇보다 일차적으로 주께 죄를 지었습니다”라고 말했을 것이다. 그런데 그는 “주께, 주께만”이라고 고백한다.

이유는 이렇다. 누구나 알듯이 몸을 가르지 않고는 몸 속 악성 종양을 제거할 수 없다. 마찬가지로 우리도 죄를 제거하기 위해 자신을 절개하는 과정 없이는 회개할 수 없다. 여기서 다윗도 자신의 마음을 절개하고 있다. 그는 무엇으로 마음을 가르는가? 1절을 보라.

하나님이여 주의 인자를 따라

내게 은혜를 베푸시며

주의 많은 긍휼을 따라

내 죄악을 지워 주소서.

다윗은 자신의 죄가 결국 선하시고 인자하신 하나님을 배신한 것이라 고백한다. 그는 하나님의 선하심과 은혜를 스스로에게 상기시킴으로써 아픔을 감수하고 자신의 마음을 절개한다. 특히 율법을 보며 "순종하지 않으면 벌 받겠지"라는 생각으로 하지 않았다는 게 중요하다. 바로 이 차이로 모든 것이 달라진다.

벌을 모면하기 위한 회개는 하나님을 이용하는 것에 불과하다. 속으로는 이렇게 말하는 것이나 다를 바가 없기 때문이다. "순종하는 게 낫지. 안 그러면 내가 원하는 것을 얻지 못할 테니까." 반면에 다윗의 자세는 이렇다. "이게 나쁜 일인 이유는 내가 단지 규율을 어겼기 때문이 아니라 하나님의 마음을 아프게 했기 때문이다. 문제는 내가 그분의 율법만 짓밟은 게 아니라 그분을 짓밟은 것이다. 내가 회개해야 할 이유는 내가 원하는 것을 얻기 위해서가 아니라 아름다우신 하나님을 더는 짓밟지 않기 위해서다. 그분의 사랑은 다함이 없고 그분의 긍휼은 무궁하건만 나는 이토록 좋은 친구이신 그분을 슬프게 했구나!"

다윗은 자신의 죄를 애통한다. 이렇게 접근해야만 당신이 변화된다. 왜 그런지를 아는 게 중요하다. 바로 거기에 당신의 생명이 달려 있다.

벌을 두려워하며 살면 한동안 죄를 억제할 수는 있겠지만 마음은 조금도 변화되지 않는다. "주님, 바람을 피웠으니 제가 나빴습니다. 제7계명을 어긴 저를 주께서 벌하실 것을 압니다. 오, 주님, 제게 자비를 베푸소서." 이런 식의 기도로는 결코 참된 변화를 경험할 수 없다. 그렇게 접근하면 결국 죄는 미워하지 않으면서 자신만 미워하게 된다.

이와 대비되는 다윗의 태도를 보라. "주님, 제가 주님을 짓밟았음을 이제야 깨달았습니다. 그 대가로 어떤 결과가 따르든 달게 받겠습니다. 주님의 심판은 지극히 의로우십니다. 이제 제가 간절히 바라는 것은 주님을 사랑하고 높이며, 주님과의 관계를 회복하는 것뿐입니다." 이것이 하나님께 초점을 맞추고 그분 자체를 목적으로 구하는 회개다. 이렇게 접근하면 앞선 경우와는 달리, 자신을 미워하지 않으면서도 죄만큼은 확실히 미워하게 된다.

왜일까? 그 차이는 어디서 올까? 다윗이 자신의 죄를 그토록 깊이 자각한 것은 하나님이 자신을 사랑하신다는 흔들림 없는 확신 때문이다. 우리도 마찬가지다. 당신이 하나님께 한없이 귀하고 소중한 존재라는 확신, 즉 자신의 가치에 대한 확신이 있으면 죄가 뼈저리게 다가올 수밖에 없다. 그 결과 죄가 미워진다. 죄가 아름다우신 그분을 짓밟기 때문이다. 그러면서도 자신이 소중한 존재라는 자존

감은 그대로 유지된다.

#4 나의 죄를 미워하기

끝으로, 앞의 세 단계를 제대로 거쳤다면 당신은 반드시 변화한다. 죄로 인해 어떤 결과가 따르든, 하나님이 삶에 또 다른 시련을 허락하신다 해도 개의치 않게 된다. 중요한 것은 상황이 아니라 자신이 변화하고 있다는 사실임을 알기 때문이다.

자신의 죄를 보고 자백하고 애통했다면, 이제 당신의 마음은 정결해져 죄는 미워하되 자신은 미워하지 않게 된다. 그렇게 찾아오는 변화는 영구적이다. 그리하여 당신은 이렇게 고백할 수 있다. "주님, 제가 자초한 제 삶의 문제를 주님이 없애 주신다면 좋겠지만, 이제 그건 중요하지 않습니다. 중요한 것은 주님이 저를 사랑하신다는 것과 저도 주님을 사랑한다는 것, 주님과 제가 다시 교제하게 되었다는 것입니다." 죄를 미워하는 마음이야말로 진정한 변화의 증거다.

예수 그리스도께서 그 길을 우리에게 보여 주신다. 그분은 죄 없는 삶을 사셨기에 회개하실 필요가 없었지만, 진정으로 높아지는 길은 오히려 낮아지는 것임을 몸소 보여 주셨다. 세상은 클라크 켄트(슈퍼맨이 평범한 인간으로 살

때 취하는 모습이자 이름-편집자)가 슈퍼맨이 되어야 세상을 구원할 수 있다고 말하지만, 복음은 슈퍼맨이 세상을 구원하기 위해 클라크 켄트가 되어야 했다고 말한다. 자기 의를 벗어던지고 자신이 죄인임을 인정하는 것은 파멸의 길처럼 보이지만, 사실상 그것만이 부활에 이르는 유일한 길이다.

예수님이 친히 이런 역설적인 삶의 길을 우리 앞에 열어 주셨기에 우리는 그분을 따를 수 있다. 회개하는 영혼이 승리하는 영혼이며, 자기 생명을 잃는 것이 얻는 길이고, 우리는 그분의 은혜와 영광을 산꼭대기가 아니라 어두운 골짜기에서 목격한다. 우리의 어둠 속에서 주님의 빛을, 슬픔 속에서 그분의 기쁨을, 죄 속에서 그분의 은혜를, 가난 속에서 그분의 부요함을 발견하자. 이것이 우리의 죄를 치유받는 길이다.

하나님 아버지, 어두운 골짜기에서도

주님의 은혜와 영광을 보게 하시니 참으로 감사합니다.

제가 무엇을 해야 할지 보여 주소서.

주님의 말씀에서 어떻게 살아야 할지를 배울 뿐 아니라,

제가 실패한 바로 그곳에서

예수님이 저를 위해 어떻게 승리하셨는지를

십자가를 통해 보게 하소서.

주님의 진리로 제 마음을 깨우쳐 주시고,

우리를 위해 죽으신

예수님의 다함없는 사랑을 바라보게 하소서.

저의 죄를 보고 자백할 뿐 아니라

그 죄를 애통하며 미워하는 마음을 갖도록

제 영혼을 깊이 만져 주소서.

다윗은 미처 다 알지 못했던 주님의 자비와 용서를

우리는 십자가라는 확실한 증거를 통해 누리게 되었습니다.

주님의 사랑으로 제 마음을 절개하셔서

제 영혼이 온전히 치유되게 하소서.

제 입술을 열어 주를 찬송하게 하소서.

예수님의 이름으로 기도합니다. 아멘.

10. 다시 하나님과의 가슴 뛰는 친밀함 속으로

healing of sin: intimacy with God

시편 51편

1 하나님이여 주의 인자를 따라 내게 은혜를 베푸시며 주의 많은 긍휼을 따라 내 죄악을 지워 주소서 2 나의 죄악을 말갛게 씻으시며 나의 죄를 깨끗이 제하소서

3 무릇 나는 내 죄과를 아오니 내 죄가 항상 내 앞에 있나이다 4 내가 주께만 범죄하여 주의 목전에 악을 행하였사오니 주께서 말씀하실 때에 의로우시다 하고 주께서 심판하실 때에 순전하시다 하리이다 5 내가 죄악 중에서 출생하였음이여 어머니가 죄 중에서 나를 잉태하였나이다

6 보소서 주께서는 중심이 진실함을 원하시오니 내게 지혜를 은밀히 가르치시리이다 7 우슬초로 나를 정결하게 하소서 내가 정하리이다 나의 죄를 씻어 주소서 내가 눈보다 희리이다 8 내게 즐겁고 기쁜 소리를 들려 주시사 주께서 꺾으신 뼈들도 즐거워하게 하소서 9 주의 얼굴을 내 죄에서 돌이키시고 내 모든 죄악을 지워 주소서 10 하나님이여 내 속에 정한 마음을 창조하시고 내 안에 정직한 영을 새롭게 하소서 11 나를 주 앞에서 쫓아내지 마시며 주의 성령을 내게서 거두지 마소서 12 주의 구원의 즐거움을 내게 회복시켜 주시고 자원하는 심령을 주사 나를 붙드소서

13 그리하면 내가 범죄자에게 주의 도를 가르치리니 죄인들이 주께 돌아오리이다 14 하나님이여 나의 구원의 하나님이여 피 흘린 죄에서 나를 건지소서 내 혀가 주의 의를 높이 노래하리이다 15 주여 내 입술을 열어 주소서 내 입이 주를 찬송하여 전파하리이다 16 주께서는 제사를 기뻐하지 아니하시나니 그렇지 아니하면 내가 드렸을 것이라 주는 번제를 기뻐하지 아니하시나이다 17 하나님께서 구하시는 제사는 상한 심령이라 하나님이여 상하고 통회하는 마음을 주께서 멸시하지 아니하시리이다

18 주의 은택으로 시온에 선을 행하시고 예루살렘 성을 쌓으소서 19 그때에 주께서 의로운 제사와 번제와 온전한 번제를 기뻐하시리니 그때에 그들이 수소를 주의 제단에 드리리이다

시편 51편은 모든 사람에게 메시지를 남긴다. 먼저는, 어리석고 잘못된 선택으로 삶을 망치고 그 대가를 뼈저리게 치르고 있는 이들에게 소망을 준다.

그리고 "다윗처럼 **된통** 말아먹은 사람들에게나 해당하지 내 얘기는 아니야. 나라고 큰 사고를 안 치리라는 법은 없겠지만, 지금껏 그래 본 적도 없고 앞으로도 그럴 일은 없을 테니까. 그러니 이 시는 폭삭 망한 사람한테나 어울리지 나하고는 상관없는 얘기야"라고 생각하는 이들에게도 말을 건넨다. 참으로 위험천만한 생각이다. 하나님께 사랑받았으며 그분의 마음에 맞는 사람이었던 다윗조차 삶을 무너뜨리는 죄를 지을 수 있었다면, 우리라고 다를 게 없다. 역사상 손꼽히게 경건하고 위대한 인물이었던 다윗에게도 회개가 필요했다면 우리도 마찬가지다.

죄는 당신의 삶 도처에 위장된 지뢰를 매설한다. 그 지뢰가 아직 터지지 않았을 수 있다. 참으로 다행이다. 하지만 이 위태로운 지뢰를 처리하지 않으면 언젠가는 반드시 터지고 만다. 회개는 당신의 마음속 지뢰를 제거하는 과정이다. 지뢰를 무시한다면 삶이 폭발해 무너지는 것은 시간문제다.

나아가 시편 51편은 앞선 두 부류의 중간 지대에 있는 세 번째 부류, 곧 우리 같은 이들도 놓치지 않는다. 우리는 자신에게 문제가 있고 그것이 삶을 망칠 수 있음을 이미 감지하고 있다. 변화의 필요성을 알고 노력도 한다. 위험한 지뢰를 제거하려 애쓰지만, 제대로 파내지 못하는 것 같다. 문제를 완전히 해결하지 못하는 것이다. 죄 때문에 고민하며 뉘우치기는 한다. 특히 죄가 이런저런 문제와 작은 폭발을 유발할 때는 나름대로 회개하며 한동안 죄를 멀리하기도 한다. 하지만 어느새 또다시 같은 죄를 짓고 있는 자신을 발견한다. 도무지 변화되지 않는 것이다.

당신이 이 세 번째 부류에 속한다면 이 시편 51편은 당신을 위한 시다. 당신에게 영원히 변화되는 법, 제대로 회개하는 법을 말해 준다. 앞 장에서는 회개하려면 자신의 죄를 보고, 자백하며, 애통하고, 미워해야 한다는 것을 살펴봤다. 이제 좀 더 깊이 들어가 다윗의 회개 속에서 우리가 배울 수 있는 또 다른 면들을 살펴보자.

나를 절개하기

회개란 자신을 절개하여 죄라는 악성 종양을 도려내는 것이다. 아주 깊숙이 칼을 대어 환부를 적출하는 일이다. 만일 아무런 변화 없이 자꾸 죄를 되풀이하고 있다면, 이는 필시 끝까지 절개하지 않았기 때문일 것이다. 그러므로 우리는 자신을 충분히 깊게 절개하기 위해 다윗이 취했던 두 가지 태도를 본받아야 한다.

1、죄를 하나님의 관점에서 본다

첫째, 다윗은 시종일관 죄를 하나님의 관점에서 바라본다. 4절에 "내가 주께만 범죄하여 주의 목전에 악을 행하였사오니"라고 고백한 데서 그 사실을 알 수 있다. 인간이 가진 가장 기이한 문제점은, 악을 선한 것으로 보이게 하는 방법을 찾아내 끝내 그 악을 행한다는 점이다. 비근한 예로, 사람마다 자기 사진 중에서 유독 좋아하는 사진이 있다. 왜 그 사진을 가장 좋아할까? 자신의 결점을 가려 주기 때문이다. 예를 들어, 코가 주먹코인 사람은 사진을 찍을 때 각도만 잘 맞추면 코가 덜 도드라져 보인다는 것을 경험으로 안다. 카메라 각도를 어떻게 잡느냐에 따라 얼마든지 코가 작아 보이게 할 수 있는 것이다. 이렇듯 우리는 늘 자신에게 유리한 각도를 찾아내 진실을 가릴 수 있다.

그래서 한 인종 집단이 다른 인종 집단에게 전면전을 선포하며 이렇게 주장할 수 있는 것이다. "그들은 200년 전에 우리에게 훨씬 더 나쁜 짓을 저질렀다. 역사적 관점에서 보면 지금 우리가 하는 일은 그리 악하지 않다." 다윗도 우리아를 죽인 후에 사실상 그렇게 말했다. "실행의 관점에서 보면 내가 우리아를 죽인 게 아니다. 암몬 군대가 죽인 것이다. 나한테 죽은 것이 아니라 전쟁 중에 전사한 것이다.”

그러나 이 행동이 무엇을 의미하는지 잠시 생각해 보라. 우리 삶의 죄를 정당화하려 한다면, 결국 이전에는 상상할 수 없었던 만행까지 정당화하게 될 수 있다. 인류는 역사를 통틀어 무엇이든 정당화해 왔다. 어떤 일이든 그리 악해 보이지 않게 만드는 방식을 우리는 언제든 찾아낼 수 있기 때문이다.

모든 관점이 동등한 가치를 지닌다고 주장하는 현대 서구 문화에서는 특히 더하다. 뉴욕을 비롯한 수많은 대학 강의실에서 학생들은 모든 관점이 정당하다고 배운다. 개인이 무엇을 진리나 정의라고 믿든 상관없이, 주변 사람들은 그 세계관을 긍정하고 정당하다고 인정해 주어야 한다는 것이다. 하지만 이 원리대로 살면 가장 섬뜩한 행위까지도 스스로 정당화하기가 아주 쉬워진다. 어차피 기준은 ‘내 관점’이 아니던가? 내 관점이 다른 누구의 관점만큼이나 정당하다면, 내가 무엇을 하든 딱히 악하지 않으며 잘못하는 것도 아니게 된다. 그렇지 않은가?

우리의 개인적인 취향과 관점을 넘어서는 절대적인 관점이 없다면 삶의 모든 죄와 문제와 악을 다룰 방법이란 전혀 있을 수 없다. 정의라는 개념에는 작별을 고해야 한다. “나에게 답이 있다!”라고 말하는 이들이 모인 그 모든 회의와 위원회, 선거 또한 전부 멈추어도 무방하다.

우리는 개개인의 관점과는 완전히 구별되는 단 하나

의 관점을 가져야 한다. 사물을 있는 그대로 보고 어떻게 다뤄야 할지 정확히 아는 관점 말이다. 다윗은 바로 그 관점을 찾아냈다. 계속해서 실패를 반복하게 만드는 인간의 결함 있는 이해에 기대는 대신, 다윗은 하나님이 보시는 그대로 자신의 죄를 직시했다.

2、변명을 버린다

앞 장에서 잠시 언급했듯이, 다윗이 두 번째로 한 일은 자신의 행동을 온전히 책임지는 것이었다. 그는 모든 변명을 내던졌다. 시편 51편 1-2절에서 그는 자신이 저지른 일을 "transgression"과 "iniquity"라고 표현했다(NIV; 개역개정은 둘 다 "죄악"으로 옮겼다-편집자). 이 단어들은 둘 다 고의적인 반역을 의미한다. 특히 6절에서 그가 한 말이 흥미롭다. "주께서는 중심이 진실함을 원하시오니."

즉, 이 말은 "내가 원해서 죄를 지었다. 순전히 내가 자유롭게 선택했으니 변명의 여지없이 전적으로 내 책임이다. 왕의 자리가 주는 부담이 힘들다고 탓할 수 없으며, 밧세바를 탓할 수도 없다. 그 누구도, 그 무엇도 탓할 수 없다. 전부 내 탓이다. 내 중심에 하나님이 바라시는 진실함이 없었고, 오직 내 욕망만 가득했다"라는 뜻이다.

우리도 마찬가지다. 우리가 죄를 짓는 것은 처한 상황 때문도, 다른 사람의 행동 때문도 아니다. 우리의 중심, 즉 내면의 상태 때문이다. 자기가 원해서 죄를 짓는 것이다.[1]

우리 삶에서 이런 일이 어떻게 나타날까? 우리는 보통 이런 식으로 자신에게 말하곤 한다. "나도 거짓말하고 싶지 않았어. 하지만 사실대로 말했다면 나는 직장을 잃었을 거야. 상황 때문에 어쩔 수가 없었던 거야." 이 말에 다윗은 뭐라고 말할까? "그 말은 이런 뜻이나 마찬가지입니다. 그 순간 당신은 정직한 행동으로 하나님을 기쁘시게 하고 진실이 필요한 사람들을 돕기보다, 돈과 안정을 더 원했다는 것이죠. 결국 당신이 원해서 한 일입니다."

절대로, 절대로 자신에게 "환경 때문에 어쩔 수 없었다"라고 말하지 말라. 환경이 우리 죄의 양상에 영향을 미칠 수는 있으나 결코 죄의 원인은 아니다. 죄는 언제나 오직 우리 안에 도사리는 욕심에서 비롯된다.

자신의 잘못에 대해 다른 사람이나 상황을 감히 탓하지 말라. 유혹이나 부당한 대우, 타인이 우리에게 가한 행위 때문에 우리가 저지르는 죄의 구체적인 내용이 달라지는 것은 분명하지만, 그런 것들이 죄를 낳는 것은 아니다. 죄는 오직 우리 마음속에서 태어난다.

이 사실을 깨닫지 못하면 그저 하소연에 불과한 거짓된 회개에 빠지고 만다. 하나님께 "일이 이렇게 되어 죄송합니다. 하지만 부모님이 저한테 이렇게 하셨는걸요. 그간 스트레스도 너무 심했어요. 너무 피곤했고요. 아내가(남편이) 원인을 제공했습니다"라고 늘어놓고는 스스로 회개했다고 믿어 버리는 것이다. 하지만 여전히 마음 한구석은

찜찜하고, 심지어 같은 잘못을 반복하기까지 한다. 우리의 중심부 깊숙이까지 칼을 대지 않으면 죄를 온전히 제거할 수 없다.

자, 이렇게 절개를 마쳤다면 이제 **실제로** 어떻게 우리 마음에서 죄를 제거할 것인가?

죄를 제거하기

다윗을 보라. 그는 두 가지 일을 한다. 먼저, 하나님의 은혜로 마음을 부드럽게 녹인다(잠시 양해를 구한다. 방금 전까지 이야기한 수술 비유에 이제 대장간 비유를 더해 보려 한다). 금이 간 금속 물체는 망치질만으로 고칠 수 없다. 망치질만 해대면 겉면이 우그러지거나 더 망가질 뿐 갈라진 틈은 메워지지 않는다.

마찬가지로, 죄를 자각할 때도 지나치게 자책만 하면 결국 상태만 더 악화될 뿐이다. 그래서는 안 된다. 마음을 망치로 때려 산산조각 낼 게 아니라 새로 빚어내야 한다. 조나단 에드워즈는 참된 회개에 맹렬함(Violence)이 수반된다고 말한다. 하지만 그것은 타오르는 불꽃의 맹렬함이다.

3 、마음을 녹인다
금이 간 금속 물체를 고치려면 뜨겁게 달구어 녹여야

한다. 그래야만 온전한 모양으로 새로 빚을 수 있다. 마찬가지로 다윗은 자신의 마음을 망치로 때리는 대신 하나님의 은혜와 언약하신 자비로 녹인다. 하나님을 **두려워하는** 고통보다는 차라리 **사랑**의 매를 맞는 아픔을 택한다. 17세기 영국 성직자 스티븐 차녹이 말했듯이, 다윗은 두려움 때문에 비참해진 것이 아니라 하나님의 자비 때문에 비참해진 것이었다.[2] 시편 51편 1절에서 곧장 다윗은 "주의 인자(히브리어로 "헤세드")를 따라" 하나님께 나아간다.

NIV 성경이 "unfailing love"(개역개정은 "인자", 새번역은 "한결같은 사랑"으로 옮겼다-편집자)라고 번역한 히브리어 "헤세드"는 성경에서 가장 중요한 단어 가운데 하나다. 이 단어는 한두 마디로 그 풍성한 의미를 온전히 전달하기가 불가능하다. "unfailing love"가 그나마 가장 근접한 표현이지만, 여전히 충분하지는 않다. "헤세드"는 하나님이 약속하신 사랑, 언약의 사랑, 맹세로 확증하신 사랑이고, 결코 굽히지도 꺾이지도 않는 영원하고 변함없는 사랑을 뜻한다. 이 단어를 이해하지 못한다면 결코 성경을 제대로 안다고 할 수 없다.

다윗은 회개할 때 우선 자신의 생각을 하나님의 헤세드로 가득 채운다. 이스라엘 역사에 있었던 가장 믿기 힘들고 설명할 수 없는 놀라운 사건들을 떠올린다. 하나님이 무슨 일이 있어도 자기 백성에게 사랑과 은혜를 베풀기로 맹세하신 곳을 두루 돌아보는 것이다.

예를 들어 다윗은 아마 출애굽기 32장의 사건을 염두에 두었을 것이다. 하나님이 이스라엘 백성을 애굽에서 구해 내시고 그토록 많은 것을 주셨는데도, 그들은 주님을 저버리고 금송아지를 숭배했다. 그러자 하나님은 모세에게 이렇게 말씀하신다. "그런즉 내가 하는 대로 두라 내가 그들에게 진노하여 그들을 진멸하고 너를 큰 나라가 되게 하리라"(출애굽기 32장 10절). "이제 내 손을 떼야겠으니 나를 말리지 마라"라고 말씀하시는 것이다.

여기서 주의할 점이 있다. 하나님이 말씀하실 때는 반드시 우리에게 무언가 가르치시려는 의도가 있다. 여기서 그분이 모세와 우리에게 가르치시려는 것은 그분이 실수하시거나 생각을 바꾸신다는 사실이 **아니다**. 하나님은 모든 것을 아시므로 생각이 바뀌실 수 없다. 생각이 바뀌려면 새로운 정보가 더해져야만 하는데, 그분께는 그럴 일이 없기 때문이다. 그분이 이런 방식으로 말씀하신 이유는 전하려는 메시지를 분명히 하시기 위해서다.

사실 그분은 모세에게 이렇게 말씀하신 것이나 다름없다. "이스라엘 백성의 소행이 내 공의에 어긋나지만 나는 이미 언약의 맹세로 그들에게 매여 있다. 내 마음을 그들에게 묶어 버렸다. 그러니 나를 놓아라. 이 언약에서 나를 풀어 다오. 나는 그들을 심판하여 놓아 버리고 싶어도 맹세에 묶여 도저히 그럴 수가 없다." 이상하지 않은가? 그분이 우리에게 깨닫게 하시려는 것은 이것이다. "하나님이 우리를 사랑하시기 위해 스스로를 결박하셨다. 자신의 무한함을 스스로 제한하신 것이다."

출애굽기 32장 본문을 창세기 15장 본문과 연결하면 이 점을 더 잘 이해할 수 있다. 다윗도 창세기 15장을 생각했을 것이 거의 확실하다. 거기서 아브라함은 죽은 동물 조각 사이로 지나시는 하나님을 본다. 그분은 그에게 이렇게 말씀하신다. 자신은 공의의 하나님이고 아브라함과 이스라엘 백성은 실패하겠지만, 어떤 대가를 치르고라도 그와 그의 영적 자손에게 복을 주시겠다고 말이다.

이스라엘 백성이 장차 출애굽기 32장에서 어떻게 할지를 하나님은 이미 훤히 알고 계셨다. 그럼에도 그분은 이 동물들처럼 자신이 쪼개지시는 한이 있더라도 어떻게든 그들을 구원하실 길을 찾으신 것이다. 출애굽기 32장은 창세기 15장으로 설명된다. 그렇다면 창세기 15장은 어떻게 이해해야 할까?

다윗에게는 없던 답이 우리에게는 주어졌다. 다윗이 볼 수 없었던 것을 당신은 볼 수 있다. 당신의 마음을 다시 빚어낼 불은 다윗이 알던 그 무엇보다도 더 밝고 찬란하며 경이롭다. 당신은 겟세마네 동산에서 씨름하시고 십자가에 달리신 예수 그리스도를 볼 수 있으며, 예수님에게 사실상 이렇게 말씀하시는 성부 하나님을 볼 수 있다.

"아들아, 내가 네게 하려는 말은 지금껏 누구에게도 한 적이 없고 앞으로도 다시는 하지 않을 말이다. 영원 전부터 나는 늘 ‘너희가 내게 순종하면 내가 너희를 가까이 하리라’ 말해 왔고 앞으로도 늘 그러할 것이다. 하지만 지금 네게 할 말은 ‘지금 네가 내게 순종하면 나는 너를 버리리라’는 것이다. **너를** 버려야 **저들을** 죄에서 놓아줄 수 있다. 그래서 인류의 죄에 마땅히 임해야 할 모든 진노와 심판을 내가 네게 쏟으려 한다. 이 공의의 고통과 위력은 하나님의 영원한 아들인 네게도 실로 엄청난 것이어서 네 몸과 영혼이 갈가리 찢길 것이다. 그리하여 이제 그들의 몸과 영혼은 찢기지 않아도 된다. 기꺼이 이 일을 하겠니?”

예수님은 “예”라고 답하셨다.

이것이 바로 헤세드다.

다윗은 왜 자신의 마음을 하나님의 이 헤세드로 가득 채웠을까? 그것이 어떻게 그를 변화시킬 수 있었을까? 다윗은 이 한결같은 사랑을, 즉 거룩하고 공의로우신 하나님이 어떤 대가를 치르더라도 우리에게 은혜를 베풀기로 스스로를 결박하셨다는 (그로서는) 설명할 수 없는 기이한 사실을 바라본다. 그러면서 그는 자신이 애초에 왜 죄를 지었는지를 퍼뜩 깨닫는다. 바로 그가 ‘처음 사랑’을 잃어버렸기 때문이었다.

종양을 도려내려면 깊숙이 절개해야 한다. 단지 벌 받을까 두려워 “오, 주님, 주님께 순종해야겠네요. 안 그러면 주님이 저를 버리실 테니까요”라는 식으로 회개해서는 종양을 건드릴 수도 없다. 다윗이 회개하는 태도는 이렇다.

"왜 내 마음이 밧세바에게 그토록 강하게 끌렸을까? 왜 살인을 저질러서라도 그녀를 얻고 싶었을까? 내가 몸으로 간음하기 전에 이미 영적으로 간음했기 때문이구나."

시편 51편 12절에서 "주의 구원의 즐거움을 내게 회복시켜 주시고"라고 한 그의 말을 보며 우리는 "아, 다윗은 죄를 지어서 구원의 즐거움을 잃었구나"라고 생각하곤 한다. 그 말도 맞지만 그게 전부는 아니다. 다윗은 구원의 즐거움을 **잃었기에** 죄를 지은 것이다. 우리가 죄를 짓는 이유도 오지 구원의 즐거움을 잃었기 때문이다. 다윗은 하나님의 헤세드를 잊었다. 그분의 한결같은 사랑에 완전히 사로잡혀 마음 깊이 차오르던 희열이 사라졌다.

다윗은 자신이 우리아와 밧세바에게 죄지은 이유가 하나님을 생각해도 더 이상 그의 가슴이 뛰지 않았기 때문임을 깨닫는다. 더는 그분을 즐거워하지 않았고 그분의 헤세드와 희생에 감동하지 않았기 때문이다. 우리가 죄를 짓는 이유도 똑같다. 이 사실을 깨닫지 못하는 한 우리는 자신의 죄를 뿌리 뽑을 만큼 영혼의 가장 깊은 곳을 가르지 않을 것이다. 결코 진심으로 회개할 수 없다.

그러나 당신도 다윗처럼 "주님, 주님 앞에 나아옵니다. 벌 받는 것이 두려워서가 아니라 자신이 쪼개지시는 한이 있더라도 저를 버리지 않으실 주님을 알기 때문입니다"라고 고백하며 회개할 수 있다면, 그제야 당신에게 무언가가 보이기 시작할 것이다. 당신의 죄를 지적하시는 그분이 또한 당신을 아주 귀히 여기신다는 게 보인다. 그래서 당신은 자신을 미워하지 않고 죄를 미워하게 된다.

그분이 당신을 위해 무엇을 하셨고 당신을 얼마나 귀히 여기시는지를 보고 나면 죄 자체가 미워진다. 그러면 죄는 당신을 지배하는 힘을 점차 잃는다. 왜일까? 당신이 이렇게 고백하기 때문이다. "하나님, 저는 죄를 짓기도 전에 이미 주님을 놓쳤습니다. 세상 그 무엇이 주님처럼 아름답겠습니까? 누구의 인정이 주님의 인정과 같겠으며, 어떤 사랑이 주님의 사랑과 같겠습니까? 그런 것은 어디에도 없건만 저는 다른 곳을 기웃거렸습니다."

이것이 바로 하나님의 자비로 인해 비참해지고, 깊숙이 절개하며, 마음을 녹인다는 말의 참뜻이다. 하나님의 율법을 어겨 그분을 노하시게 한 죄에 집중하는 것이 아니라 그분의 은혜를 저버린 죄가 얼마나 깊은지를 묵상하는 것이다.

그 결과, 우리는 죄를 버린다. 비로소 삶이 온전히 변화될 수 있다. 우리는 자신의 죄를 보고("주의 목전에"), 죄를 인정하며("다 내 책임이다"), 마음을 녹여 죄 이면의 죄, 즉 하나님의 은혜를 짓밟고 구원의 즐거움을 잃어버린 죄를 슬퍼하고 애통한다. 그리고 마침내 죄를 버린다.

4、죄를 버린다

내가 앞의 세 단계를 제대로 거쳤는지 어떻게 알 수

있을까? 세 단계를 잘 통과한 사람만이 이 네 번째 단계를 경험하게 되기 때문이다. 다윗은 본문 1-9절에서 첫 세 단계를 통과한 뒤 10절부터 온전히 새로운 삶을 일구어 낸다. 그것은 순종하는 삶이다. "내 속을 견고한 심령으로 새롭게 하여 주십시오"(10절, 새번역). 그것은 하나님과 친밀한 삶이다. "나를 주 앞에서 쫓아내지 마시며 주의 성령을 내게서 거두지 마소서"(11절). 그것은 계속해서 회개하는 삶이다. "하나님께서 구하시는 제사는 상한 심령이라 하나님이여 상하고 통회하는 마음을 주께서 멸시하지 아니하시리이다"(17절). 회개는 가끔 낙심되는 사건이 벌어질 때나 삶을 망쳤을 때만 하는 게 아니라 평생 꾸준히 실천하는 것이다. 존 뉴턴은 이를 다음과 같이 표현했다.

> 달콤한 슬픔과 비통한 기쁨
> 지금 내 영혼에 가득하니,
> 그토록 귀한 생명을 내가 파괴했기에.
> 내가 죽인 그분으로 인해 내가 살게 되었기에.[3]

지속되는 회개의 "달콤한 슬픔"이라는 표현을 생각해 보라. 다윗이 속으로 했을 독백을 상상해 보라. "나는 악을 행하면 회개한다. 이제 선을 행할 때도 회개하리라. '오, 어리석은 미음이여, 그 일을 네가 해낸 줄로 아느냐? 모든 것이 은혜의 선물이었다'라고 말하리라." 우리 삶에 이 습관이 자리 잡으면 마음이 부드럽게 녹는다. 교만할 때 회개하면 그것이 당신을 **낮추어** 하나님께 돌아가게 하고, 비참하게 무너졌을 때 회개하면 그것이 당신을 **일으켜** 하나님께 돌아가게 한다. 마르틴 루터가 95개조 반박문 제1조에 말했듯이 예수님의 "뜻은 신자의 전 생애가 회개가 되어야 한다는 것"이었다.[4] 삶 전체가 회개다.

다윗은 순종하는 삶, 회개하는 삶, 하나님과 친밀한 삶, 쓰임받는 삶에 이르렀다. 이제 그는 하나님의 은혜를 노래하며 세상을 변화시키기로 다짐한다. 그렇다고 그가 저지른 죄의 결과가 사라진 것은 아니다. 남은 평생 그의 가정생활은 편애와 분열과 질투로 점철된 난장판으로 변했다. 그의 죄가 몰고 온 후폭풍은 엄청났다. 그런데 하나님은 왜 다윗의 모든 아들 중에서 하필 밧세바에게서 난 솔로몬을 택해 다윗의 삶에 즐거움이 되게 하시고 메시아의 계보를 잇게 하셨을까? 다윗과 밧세바는 왜 마태복음 1장에 나오는 예수님의 족보에 올랐을까? 그것도 밧세바는 여전히 우리아의 아내라 지칭되면서 말이다.

그것을 통해 하나님은 우리에게 이렇게 말씀하신다. "내 사랑하는 자녀야, 너희가 죄를 지으면 결과가 따른다. 아주 혹독한 대가일 수도 있다. 하지만 내가 너희에게 차선책을 쓸 일은 절대로 없다. 내 지혜와 주권과 너희를 향한 사랑이 무한하기에 나는 너희의 실패까지도 원래의 계획에 녹여 넣는다. 너희가 죄지은 후에도 내가 계속 너희를 통해 일한다. 이전보다 더 큰 일도 한다. 그러니 감히 죄 짓지 마라. 죄는 나를 욕되게 하고 너희를 해친다. 죄에는 반드시 결과가 따른다. 그러나 너희 삶을 향한 내 계획을 너희가 망칠 수 있다는 생각도 감히 품지 마라. 차선책은 없다.”

웨스트민스터 신앙고백서에 이 내용이 명료하게 표현되어 있다. “영원한 형벌을 면할 만큼 작은 죄는 없듯이 참으로 회개하는 자에게 영원한 형벌을 부를 만큼 큰 죄도 없다.”[5] 그러니 어찌 우리도 다윗처럼 고백하지 않을 수 있겠는가?

내 혀가 주의 의를 높이 노래하리이다
주여 내 입술을 열어 주소서
내 입이 주를 찬송하여 전파하리이다.
◇ 시편 51편 14-15절

주님, 참된 회개가 무엇인지

제 마음 가득 선명히 그려지게 하소서.

주께서 저를 위해 아낌없이 희생하셨으니

전심으로 제 마음에서 죄를 도려내게 하소서.

죄와 이 세상 것들은 결코 저를 채워 줄 수 없으며

주님만이 저를 채워 주심을 잊지 않게 하소서.

주님의 사랑은 제가 갈망하는 그 어떤 것보다 나으며,

주님의 인정과 관심과 위로는

제가 받을 수 있는 가장 온전한 복입니다.

날마다 주님 한 분만으로 충분함을 알게 하소서.

제 마음을 새롭게 빚어 주소서.

형벌에 대한 두려움 때문이 아니라

주님의 사랑에 감사하는 마음으로 범죄하지 않게 하소서.

그리하여 저도 다윗처럼 주님께 순종하는 삶,

주님과 친밀하게 동행하는 삶을 살게 하소서.

예수님의 이름으로 기도합니다. 아멘.

주. notes.

머리말

1. Andrew Delbanco, *The Death of Satan: How Americans Have Lost the Sense of Evil* (New York: Farrar, Straus and Giroux, 1995), 3.

2. Delbanco, *Death of Satan*, 3.

3. Delbanco, *Death of Satan*, 3.

4. Thomas Harris, *The Silence of the Lambs* (New York: St. Martin's, 1988), 21. 토머스 해리스, 《양들의 침묵》(나무의철학 역간). 다음 책에서 재인용했다. Delbanco, *The Death of Satan*, 19.

5. Fyodor Dostoevsky, *The Brothers Karamazov*, Constance Garnett 번역 (New York: Random House, 1993, 원간 1880), 245-246. 표도르 도스토옙스키, 《카라마조프가의 형제들》.

6. Dorothy Sayers, *Christian Letters to a Post-Christian World: A Selection of Essays* (Grand Rapids: William B. Eerdmans, 1969). 도로시 세이어즈, 《도그마는 드라마다》(IVP 역간).

chapter 1.

1. *The Terminator*, James Cameron 감독 (Orion Pictures, 1984). 제임스 카메론 감독, 〈터미네이터〉.

2. *The Terminator*, James Cameron 감독 (Orion Pictures, 1984). 제임스 카메론 감독, 〈터미네이터〉.

3. Cornelius Plantinga Jr., *Not the Way It's Supposed to Be: A Breviary of Sin* (Grand Rapids: Eerdmans Publishing Company, 1996). 코넬리우스 플랜팅가 Jr., 《우리의 죄, 하나님의 샬롬》(복있는사람 역간).

4. Frances Perkins, *The Roosevelt I Knew* (New York: Penguin Publishing Group, 2011), 148.

5. C. S. Lewis, *Mere Christianity* (New York: HarperOne, 2001), 131-132. C. S. 루이스, 《순전한 기독교》(홍성사 역간).

6. Plantinga, *Not the Way It's Supposed to Be*, 69. 코넬리우스 플랜팅가 Jr., 《우리의 죄, 하나님의 샬롬》(복있는사람 역간).

chapter 2.

1. William Shakespeare, "King Henry the Fifth, 4막 3장 80-125행," *The Complete Works of William Shakespeare* (New York: Barnes & Noble, 2015), 503-506. 윌리엄 셰익스피어, 《헨리 5세》.

2. "Documenting History: Eisenhower and the Holocaust (U.S. National Park Service)," 2025년 2월 27일 접속, https://www.nps.gov/articles/000/eisenhower-and-the-holocaust.htm. Connie Gentry, "What We Fought Against: Ohrdruf," The National WWII Museum, New Orleans, 2020년 4월 4일, https://www.nationalww2museum.org/war/articles/ohrdruf-concentration-camp.

3. Elisabeth Elliot, "The Glory of God's Will," *Elisabeth Elliot*, 1976년 5월 1일, https://elisabethelliot.org/resource-library/lectures-talks/the-glory-of-gods-will/.

chapter 3.

1. *The English Poems of George Herbert*, Helen Wilcox 편집 (Cambridge University Press, 2007), 661.

2. John Owen, *Mortification of Sin* (United States: Reformed Church Publications, 2015), 19. 존 오웬, 《죄 죽이기》.

chapter 4.

1. 다음 기사에 인용된 버전의 대화다. Thomas Churchill Dunn, "Churchill's Humorous Retorts Are Memorable," *Tampa Bay Times*, 2005년 10월 9일, https://www.tampabay.com/archive/1993/09/16/churchill-s-humorous-retorts-are-memorable/.

2. Cynthia Heimel, "The Celebrity Decade," Tongue in Chic, *The Village Voice*, 1990년 1월 2일

chapter 5.

1. George Whitefield, "The Method of Grace," *Blue Letter Bible*, 2025년 1월 29일 접속, https://www.blueletterbible.org/study/he_is_risen/george_whitefield/witf_058.cfm.

2. *Chariots of Fire*, Hugh Hudson 감독 (United Kingdom: Allied Stars, 1981). 휴

허드슨 감독, 〈불의 전차〉.

chapter 7.

1. Rebecca Manley Pippert, *Hope Has Its Reason: The Search to Satisfy Our Deepest Longings* (Downers Grove, IL: InterVarsity Press, 2001), 118-119.

2. C. S. Lewis, *Surprised by Joy: The Shape of My Early Life* (New York: Mariner, 2012), 227. C. S. 루이스, 《예기치 못한 기쁨》(홍성사 역간).

3. "쓰임받을 만한 대가를 치른다"는 말은 하나님께 쓰임받으려면 대개 고생을 견디고 사욕을 버리고 겸손한 마음, 믿음, 이타심을 길러야 한다는 의미다. 본문의 소녀가 쓰임받을 만한 대가를 치른 것은 고난과 상실을 통해서였다. 가족을 잃고 종이 되어 앞날이 암담했지만 이런 비참한 처지에도 불구하고 의지적으로 믿음과 긍휼을 품고 용감하게 행동한 것이다.

chapter 8.

1. C. S. Lewis, *The Abolition of Man* (New York: HarperOne, 2015), 83-104. C. S. 루이스, 《인간 폐지》(홍성사 역간).

2. Aldous Huxley, *Ends and Means: An Enquiry into the Nature of Ideals and into the Methods Employed for Their Realization* (New York: Harper & Brothers, 1937), 273.

3. Jonathan Edwards, *Sinners in the Hands of an Angry God* (Enfield, CT: 1741). 조나단 에드워즈, 《진노하시는 하나님의 손안에 있는 죄인》(부흥과개혁사 역간).

4. 잠언 30장 16절. "곧 스올과 아이 배지 못하는 태와 물로 채울 수 없는 땅과 족하다 하지 아니하는 불이니라."

chapter 9.

1. Thomas Watson, *The Doctrine of Repentance* (La Vergne, TN: Antiquarius, 2021). 토머스 왓슨, 《회개》(복있는사람 역간).

chapter 10.

1. 내가 믿기로 이것은 논박할 수 없는 원리다. 이 원리를 탁월하게 고찰한 다음 책을 참조하라. Jonathan Edwards, *The Freedom of the Will.* 조나단 에드워즈,《의지의 자유》(부흥과개혁사 역간).

2. Stephen Charnock, "On God's Patience (From *The Existence and Attributes of God*)," Monergism, 2025년 2월 13일 접속, https://www.monergism.com/gods-patience-stephen-charnock. 스티븐 차녹,《하나님의 존재와 속성 2》(부흥과개혁사 역간).

3. John Newton, "Looking at the Cross," The John Newton Project, 2025년 1월 29일 접속, https://www.johnnewton.org/Articles/371426/The_John_Newton/new_menus/Hymns/OH_Book_2/OH_Book_2.aspx.

4. "Martin Luther's 95 Theses," 2025년 3월 20일 접속, https://www.luther.de/en/95thesen.html.

5. Westminster Confession of Faith, 15.4.

믿음의 벗, 팀 켈러와 함께

— 팀 켈러 입문

탕부 하나님 윤종석 옮김 | 192쪽 | 125*180

내가 만든 신 윤종석 옮김 | 280쪽 | 125*180

예수, 예수 윤종석 옮김 | 224쪽 | 125*180

방탕한 선지자 홍종락 옮김 | 320쪽 | 125*180

태어남에 관하여 윤종석 옮김 | 120쪽 | 112*180

결혼에 관하여✦ 윤종석 옮김 | 108쪽 | 112*180

죽음에 관하여 윤종석 옮김 | 119쪽 | 112*180

팀 켈러의 인생 베이직° 윤종석 옮김 | 316쪽 | 125*200

— 신앙 일반

왕의 십자가* 정성묵 옮김 | 336쪽 | 155*232

인생 질문 윤종석 옮김 | 272쪽 | 140*206

팀 켈러, 결혼을 말하다✦ 최종훈 옮김 | 352쪽 | 135*205

기도 최종훈 옮김 | 408쪽 | 150*210

일과 영성✦ 최종훈 옮김 | 344쪽 | 150*210

팀 켈러, 고통에 답하다 최종훈 옮김 | 544쪽 | 150*210

팀 켈러, 하나님을 말하다 최종훈 옮김 | 396쪽 | 150*210

답이 되는 기독교 윤종석 옮김 | 424쪽 | 150*210

정의란 무엇인가* 최종훈 옮김 | 304쪽 | 135*207

부활을 입다 윤종석 옮김 | 380쪽 | 140*206

탈기독교시대 전도 장성우 옮김 | 140쪽 | 112*180

용서를 배우다 윤종석 옮김 | 360쪽 | 140*206

시대와 영성을 묻다✦ 홍종락 옮김 | 312쪽 | 135*215

— 목회

설교* 채경락 옮김 | 380쪽 | 150*210

센터처치* 오종향 옮김 | 800쪽 | 158*231

복음으로 세우는 센터처치⁺ 오종향 옮김 | 252쪽 | 150*210

도시를 품는 센터처치⁺ 오종향 옮김 | 488쪽 | 150*210

운동에 참여하는 센터처치⁺ 오종향 옮김 | 436쪽 | 150*210

팀 켈러, 집사를 말하다 조수아 옮김 | 268쪽 | 140*206

— 365일 묵상집

묵상*⁺ 최종훈 옮김 | 392쪽 | 150*210

팀 켈러, 오늘을 사는 잠언*⁺ 윤종석 옮김 | 404쪽 | 150*210

팀 켈러, 결혼의 의미*⁺ 오현미 옮김 | 404쪽 | 150*210

팀 켈러, 사랑으로 나아가는 오늘⁺ 396쪽 | 140*220

복음을 살다⁻ 384쪽 | 148*105

— 성경주해

당신을 위한 로마서 1 김건우 옮김 | 328쪽 | 128*188

당신을 위한 로마서 2 김건우 옮김 | 352쪽 | 128*188

당신을 위한 사사기 김주성 옮김 | 364쪽 | 128*188

당신을 위한 갈라디아서 윤종석 옮김 | 296쪽 | 128*188

— 성경공부

복음과 삶 (성경공부) 오종향 옮김 | 248쪽 | 150*210

복음과 삶 (스터디 가이드) 오종향 옮김 | 387쪽 | 150*210

로마서 성경공부 김주성 옮김 | 280쪽 | 150*210

90일 성경공부 (갈, 삿, 롬) 김주성 옮김 | 320쪽 | 175*238

⁺ 공저 * 양장본 ° 합본 ⁻ 캘린더